NLP
总裁智慧系统
行销力

苏学锋 ◎ 著

中国商业出版社

图书在版编目（CIP）数据

NLP总裁智慧系统行销力 / 苏学锋著. ——北京：中国商业出版社，2018.3

ISBN 978-7-5208-0242-0

Ⅰ.①N… Ⅱ.①苏… Ⅲ.①企业管理-营销管理 Ⅳ.①F274

中国版本图书馆CIP数据核字（2018）第028726号

责任编辑　　孔祥莉

中国商业出版社出版发行
（100053 北京广安门内报国寺1号）
010-63180647　　www.c-cbook.com
新华书店经销
大厂回族自治县德诚印务有限公司印刷

*

710×1000 毫米　　1/16 开本　　16.75 印张　　180 千字
2018 年 6 月第 1 版　　2018 年 6 月第 1 次印刷
定价：48.00 元

* * * * * *

（如有印装质量问题可更换）

导 言

苏学锋导师，一个风度翩翩、器宇不凡的企业家，他是九州创联商学院院长、九州创联董事长、国际NLP导师、国家心理咨询师、国家企业培训师、汉王科技发展顾问、华谊兄弟星剧场发展顾问、全联房地产商会市场分会副会长、《赢家大讲堂》特聘专家讲师、NLP卓越商业领袖导师、NLP总裁智慧系统课程创始人。

从当初青涩稚嫩到如今的稳重成熟，从当初的一无所有到如今的资产过亿，他通过非凡的智慧和勤劳的双手，实现了跨越式地蜕变与发展，成为了众人尊敬的智慧导师，成为了众人崇拜的企业家。

20年奋斗，他跨越千山万水，历经商海沉浮。如今，他从鄂尔多斯到北京至全国拥有多家公司，旗下的产业涉及教育培训、文化影视、互联网金融、大旅游、大健康、大科技等多个产业领域。

回首往昔，那些艰苦奋斗的片段还历历在目，正是因为有它们的存在，才拼凑成如今宏伟的事业蓝图。1997年，大学毕业的他带着对梦想的向往，踏上了商海之路，国家的政策以及时代的契机，引领他步入IT行业，11年的打拼，他从业务员做到股东，本该享受成功的喜悦，但他却陷入了迷茫。恍然间，他发现自己在经营企业过程中一直无法摆脱"茫、盲、忙"的困境，为了突破眼前的窘境，他几经思虑放弃眼前拥有的一切，踏上了求知之路。

2008年，为了寻找企业发展之路，他开始接触教育培训行业，在不间断的学习中，他和众多领域的企业家相互学习、共同成长。在学习上，他先后投资的费用超过400万，与国内外几十位知名大师学习交流。10年的智慧生发，使他的公司业绩爆炸式增长几十倍，仅用了两年就赚回过去20年的钱。

现今，他潜心立足于教育培训领域，并将20年的企业经营管理实战经验与10年潜心学习研究NLP神经语言程序学相结合，形成了自己独特的课程体系，并且应用到自己企业经营管理当中，让自己实现身心解放，企业业绩暴涨，员工自动自发。

除此之外，他还在训练过程中使企业家在快乐的学习氛围中领悟新的思考模式，掌握全新的理念及技巧，让企业家得到智慧的生发、大脑的升级和自身的改变，从而促进企业更快速、更稳健地发展。在企业得到发展的同时，也能够促进家庭氛围的和谐，真正实现幸福快乐、财务自由的人生。

正所谓：春蚕到死丝方尽，蜡炬成灰泪始干。教育，是一份高尚的事业，是民族振兴和社会进步的基石，更是一个国家的立国之本。正因如此，他知道自己肩上的担子，左边承载着责任，右边承载着使命。未来，他还要不断地充实自己、教诲他人，让更多的人领悟NLP神经语言程序学的智慧，在不断地改进中，塑造更好的自己，迎接更美好的人生！

序 言

狄更斯曾说："这是一个最好的时代，也是一个最坏的时代。"这句话放到现今仍然适用。在这个"大众创业、万众创新"的环境中，无数个中小企业崛地而起，它让我们感受到了中小企业家的奋进，然而在这些"奋勇争先"的背后，却潜在着各种危机。国内的中小企业家只想着一心向前冲，去实现心中伟大的梦想，却总是忽略了现实的状况。

忽略生存，只谈发展。这八个字已经成了国内中小企业家身上不可忽视的弊端。无论是什么行业，前期都必然要保证稳定盈利，确保自己在激烈的市场竞争中得以生存，才能一步步稳住脚跟，去开拓更大的市场，做更大的事业。很多中小企业都死在前端，就是因为没有把握好"生存"的核心。

我们眼中的市场其实就像一块巨大的蛋糕，但不是每一个企业家都能够分得一口，它需要你具备一定的智慧和能力，直白点说，也就是企业整体的行销力。一个企业有了人才，有了技术，有了设备，有了产品，有了营销，如果不能最终把产品卖出去，那么前期的一切工作都将化为零。

创办企业，最本质的目的就是赚取利润，而赚取利润最基本的方式就是把企业所经营的产品销售出去，在这个环节中，企业家对于行销策略的系统性思维将起到至关重要的作用。

如何通过有效途径去捕捉客户的爽点、痒点和痛点，进而为自己企业的产品而买单，是每一位企业家必须思考的事情，它是你解决盈利问题的根本途径。

本书通过融合NLP智慧，分别从赚取利润、商业模式、产品策略、玩转资本、解码人性、广告营销、优化人才等八大方面入手，向读者展示了系统性的行销观念和策略，让他们能够充分打开自己的行销思维路径，并且运用这些行销思维路径，找到企业的长青立足之地，并且做大做强！

自 序

继《NLP总裁智慧系统觉醒力》之后，书系中的第二本书《NLP总裁智慧系统行销力》也要和广大读者正式见面了，这是一件让我无比兴奋的事情。为了这本书能够顺利撰写，直至出版，我筹备了近一年的时间，在不断地和各行各业中小企业家沟通的过程中，我发现：很多中小企业家的格局和营销思维并不是很开阔。这导致他们对市场变化的敏锐度总是很低，对市场进展的判断总是不断失灵，进而影响了企业的发展。

在这个瞬息万变的时代里，把握市场先机已经是每一位企业家必备的能力之一。因为稍不小心，我们不但不能够享受到互联网时代所赠与的契机，还很可能会被互联网的浪潮给淹没，成为其他竞争对手的"垫脚石"。时代很先进，给我们很多搭顺风车的红利；时代很残忍，让我们瞬间就万劫不复。

从2015年的O2O概念的兴盛，到2016年的人工智能概念的传播，再到2017年的共享经济概念火爆全球，再到现今区块链概念成为大家议论的热题，几乎每一年里，商界都在更新着一些火热的商业理念，甚至国家政策开始随着人民群众的需求动向不断进行转变，如果我们不能够乘上这股"东风"，那么势必就要落于人后。

想要真正在某一领域中独树一帜，我们必须要与时代为伍，必须要不断地跟随国家动向、市场动向去拓展自己的行销思维和策略，让自己的企业用最小的代价，去获得最优秀的资源，从而促进产品的销售，扩大人才的增进，以及推动企业的发展。而想要做到这一点，前提必须先打通企业家的"任督二脉"，让他们成为一位行销专家。

《NLP总裁智慧系统》是我精心打造的一系列精品课程，创建这套课程的最终目的是希望每一位企业家都能够在系统的学习中，不断超越自己的思想，不断提升自己的格局，最终实现平衡式发展的成功人生。希望这本《NLP总裁智慧系统行销力》中的方法和策略能够帮助各位中小企家更快地成长，真正实现"身心解放、业绩倍增"！

目 录

第一章 赚取利润：钱都是"计算"出来的

> 企业所获得的每一分利润，其实都是精心"计算出来的"，从把控成本与支出两大维度来考虑，细察经营和发展过程中的每一个环节，才能够真正做到不浪费每一分钱，并且用最为恰当的方法与策略，为企业实现更多的创收！

1. 掌控利润核心，提升收入控制成本 / 3
2. 增加附加价值，不要降低价格 / 6
3. 清理库存，别让产品"死"在仓库里 / 9
4. 按等级服务：20%的客户带来80%的利润 / 12
5. 开发大客户，赚大钱比赚小钱容易 / 15
6. 坐销变行销，走出去才能引进来 / 18
7. 降低人员费用，确定绩效考核标准 / 22
8. 目标精准，学会聚焦高利润产品 / 25
9. 不断开发供应商，有选择就有话语权 / 28
10. 清应收，把欠款"追"回来 / 31
11. 加项目，让老客户永远围着你转 / 34

第二章 商业模式：规划企业未来发展版图

在如今这变幻莫测的时代中，最成功的企业家往往不是最聪明的、也不是最勤奋的，而是最懂得运用商业模式的。创造并设计一个好的商业模式，能够为企业打造出核心的竞争优势，实现公司的可持续发展。因此，一个智慧的企业家必须要为自己的企业打造一套落地、可行的最佳商业模式。

1. 企业顶层设计：定位定天下　　／41
2. 在模仿中创新，找到适合自己的路　　／44
3. 打造最强动力，不可忽视的企业DNA　　／47
4. 顺势而为：善于把握时空角的变化　　／51
5. 借大平台之势，实现快速飞跃　　／54
6. 互联网+的时代，不能只走传统模式　　／58
7. 培训员工，人才成长促企业快速发展　　／61
8. 抱团成长的时代，决不能单枪匹马　　／64
9. 学会耐心"扎根"，先求生存再谈发展　　／67
10. 想在商战中胜出，学习竞争对手必不可少　　／70
11. 圈道模式，打造消费圈　　／73

第三章 产品策略：打响进军市场第一枪

任何产品都是以产品本身为消费者提供服务的。如今的时代，一切营销的手段及方法，都只是提供了一个让产品到达消费者手中的渠道，而产品本身，才是消费者最初的希望，只有把握好产品的格局，才能壮大企业的格局。产品是一家企业的开端，拥有一个伟大的产品，就是拥有了一个最好的营销。

1. 起名学问，好名字是成功的一半　　／79

2. 饥饿营销，只要会玩就会赚　　 / 82

3. 避免同质化竞争，打造差异化产品　　 / 85

4. 打造唯一性产品，你就是行业标杆　　 / 88

5. 打造独家品牌，提高产品自身影响力　　 / 92

6. 利用产品互补性，促进销售　　 / 95

7. 独家定制，尊重消费者的个性选择　　 / 98

8. 抛出诱饵，先解决客户体验问题　　 / 101

9. 不断创新，留住消费者的新鲜感　　 / 104

10. 分化模式，巧妙开创一片蓝海　　 / 107

11. 捆绑销售，强强联合创双赢　　 / 110

第四章 玩转资本：从根本上解决钱的问题

企业经营最本质的目的就是：赚钱！因此，一家企业必须确保足够的资金运转。当企业的现金流无法支持自身运作的时候，就基本成了无源之水，无根之木，即便外表看起来具备优势，但其实已经成为"空中楼阁"，长此以往，结果无异于"自杀"。

1. 寻找股东，干大事少不了友盟军　　 / 117

2. 绑定会员，钱在哪里客户心在哪里　　 / 120

3. 寻找天使投资，获得更多支持力　　 / 123

4. 招揽同行，使用资源"拿来主义"　　 / 126

5. 增加造血功能，打造企业的免费资金池　　 / 129

6. 招收代理，实现区域渠道"全面开花"　　 / 132

7. 出色员工的背后，是有形的利润　　 / 135

8. 外包业务，实现灵活动态配置　　 / 138

9. 思维转一转，先收货品再付费　　/ 141

10. 整合资源，下寻分支为企业揽客　　/ 144

11. 潜在客户预售，先收钱再出货　　/ 146

第五章　解码人性：永远不缺客户的秘密

既然企业是在为客户而服务，那么就一定要：想客户之所想、急客户之所急！只有通过"解码人性"的方法和策略，充分了解客户内心的想法，利用客户特有的消费心理，才能真正把握好市场的命脉，达成源源不断地成交！

1. 像对待新客户一样，对待你的老客户　　/ 151

2. 勇闯商海，别忽视消费者的参与感　　/ 154

3. 引领客户思维，你就占据主动　　/ 157

4. 占不占便宜不重要，感觉占便宜才重要　　/ 160

5. 勾起好奇心，销售就成功一半　　/ 163

6. 调动老客户积极性，增加转介绍　　/ 166

7. 价值到位，就有人愿意主动买单　　/ 169

8. 贴心服务，最能留住客户的心　　/ 172

9. 口碑营销：一种不可忽视的力量　　/ 175

10. 巧借名人效应，帮助自己成交　　/ 179

11. 运用"黑白配"策略，助你顺利成交　　/ 182

第六章 广告营销：让消费者与你产生链接

> 有句话说得好：无广告，不营销。如今这个时代，是一个信息爆炸的时代，也是一个广告横行的时代！没有一个企业，不去为自身的产品而做广告。只有把广告做对了、做好了，才能帮助自己的企业和消费者产生正确的链接，从而扩大自己的产品市场以及提高企业的交易额。

1. 赠送促销券，实现线上精准引流　　／189
2. 举办新闻发布会，利用媒体一炮打响　　／191
3. 开办展览会，邀约准客户　　／194
4. 氛围营销：一个最"有感觉"的广告　　／196
5. 异业合作，达成战略联盟　　／199
6. 新媒体推广，适当与大咖进行合作　　／201
7. 免费策略，占有终端者就是赢家　　／203
8. 大数据时代，快速获取准客户清单　　／206
9. 举办研讨会，提高消费者的认知　　／208
10. 广告迎合时空角，消费者才会买账　　／211
11. 投放广告要精准，贪图便宜没有效果　　／213

第七章 优化人才：得一将才者得天下

> 在如今这个竞争激烈的时代中，人才可以说是企业发展最重要的一环，想把企业做大，就必须重视人才。如果修长城，人才就是基石；如果建大厦，人才就是栋梁；如果搞企业，人才就是成功的保证。无论干什么事业，拥有足够多的人才，才是成功的保障。

1. 打造标杆，给员工树立榜样　　／219

2. 想提高业绩,就别把销售员"喂太饱"   / 222

3. 好人才别错过,大胆引进来   / 225

4. 目标导向,以员工能力为标准   / 228

5. 奖励要及时,不要让员工等到心凉   / 231

6. 永远要留"备胎",避免业务受损   / 234

7. 对"刺头员工",必要时要下狠手   / 237

8. 学会信任员工:用人不疑,疑人不用   / 240

9. 调动优秀资源,让客户变成业务员   / 243

10. 化繁为简,用人贵在精而不滥   / 246

11. 离职感恩,杜绝坏话传染源   / 249

第一章

赚取利润:
钱都是"计算"出来的

企业所获得的每一分利润,其实都是精心"计算出来的",从把控成本与支出两大维度来考虑,细察经营和发展过程中的每一个环节,才能够真正做到不浪费每一分钱,并且用最为恰当的方法与策略,为企业实现更多的创收!

——NLP卓越商业导师 苏学锋

1

掌控利润核心，提升收入控制成本

❋ 问题困惑

一个老板，要想挣到更多的钱，就一定要懂得把握挣钱的根本，那么这个根本是什么，根本就是产品的成本，以及我们销售所得的收入。你知道怎样把握好这二者之间的关系吗？

♟ NLP总裁智慧系统解码

在经营企业的过程中，每个老板都会绞尽脑汁地思考诸多的策略与方案，想要获得高业绩、高利润，但是很多策略与方法在实行之后，却没有得到一个理想的效果。实际上，只要把思路简单化一点，把视线放在"收入"和"成本"这两大块，就知道该如何让自己实现高利润收入了。

NLP总裁智慧系统曾讲过：如何获取大利润的16个秘密。这其中有一条就是针对"收入"和"成本"的。作为老板的你，可以试想一下：利润=收入−成本。当我们收入越多，成本越低，得到的利润自然也就越高了。

所以，智慧的老板，一定要学会给商品定价，当然，这个定价必须要根据市场需求、产品属性、品质和特点来进行合理定价。除此之外，怎样控制好生产产品以及营销等各个环节的成本也成为重要的一环。当你运用足够多的智慧，把控好"成本"以及"收入"，那么获得高利润自然也就轻而易举了。

经典故事

去年，成响开了一家服装公司，刚开始的时候，没有任何经验的他，频繁跑各大批发市场去进货，一开始由于各种新店开张的促销活动，生意还算不错！可半年之后，他算了一下账，自己的服装公司并没有挣到多少钱！仔细思考一下，他发现：原来是单件服装的利润太薄了。

怎样可以让自己的公司短时间内快速回本呢？他思考良久，觉得自己不挣钱，原因就出在利润上！而造成利润少的原因是自己的收入和成本之间的差距太小了！一件卖七八十块的衣服，光是成本就达到四五十块！这样算来，自己一件衣服才挣二三十块。

为了改善这种情况，他决定放弃去批发市场进货，而是选择直接去和生产衣服的厂家谈。可是小批量的订货，大部分厂家都不愿意。怎么办呢？他想到了自己一个在欧美的同学。这个同学在一家大型服装设计公司工作。国外衣服的流行趋势和设计样款，他都了如指掌，而且他自己本身也能设计出各种流行的衣服样式。成响托这位同学给自己提供衣服的款式样板，当然也会付给同学相应的酬劳，这位同学很高兴地答应了。

另一边，成响又和厂家谈，说是自己能给厂子提供国际流行的

第二章 赚取利润：钱都是"计算"出来的

服装设计。并且拿出了一个衣服样板给他们看。厂家觉得不错，便答应以小批量，并且低价给他供货。这样一来，他不仅降低了成本，衣服款式也变得多样化起来。他觉得这么好的衣服款式，虽不是什么名牌，但是提高一定的价格，大部分人还是愿意接受的。于是他又给不同类型的衣服，进行了新的定价。

几个月之后，成响的服装店利润开始呈现两倍、4倍的增长！现在，轻车熟路的他，又开始从营销方面下手，提升自己的业绩和利润了！

导师箴言

"企业要想实现利润最大化和增强自身市场竞争力的总体目标，就必须正确认识成本控制的重要性，以及提高产品定价的重要性，要把握好这两者之间的关系。一个智慧的老板，一定要明白控制成本的重要性，因为这是企业增加盈利的根本途径。无论在什么情况下，降低成本都可以增加利润。与此同时，也千万不要忽略了产品的定价，它和产品成本差距越大，你的利润也就越大！"

——NLP卓越商业导师 苏学锋

2

增加附加价值,不要降低价格

❀ 问题困惑

作为老板最头疼的事,就是产品卖不出去,这个时候很多老板为了清理库存,就开始对产品降价,可是后来发现消费者还是不买账,因为这没有解决根本问题!那么,你知道怎样才能解决这根本的问题吗?

♞ NLP总裁智慧系统解码

在NLP总裁智慧系统中,曾提到:价格与成本没有关系,价格来自于价值!当客户拒绝一样商品的时候,通常有两点原因:第一是目前没有需要,第二是觉得产品价值不够,也就是所谓的不值。很多时候,客户对于超出他心里价值的商品是没有抵抗力的。如果你能满足这一点,那么第一个原因也不是问题,这就是人的本性:想花最少的钱,买最有价值的东西!

大多数老板,觉得给产品大幅度降价或是打折,就会让客户

第一章
赚取利润：钱都是"计算"出来的

产生占便宜的感觉。这在理论上而言没有错，只是这样做会使我们自身的利润减少。如果换一种做法，来给产品增加附加价值，结果就会变得不一样，这不仅仅是一种销售方式的创新，也会成为区别同类竞争产品的标志，如果搭配的好，更会成为一个独特的卖点！

除此之外，老板还要知道的是：产品附加价值包含很多的点，它可以是功能价值，也可以是服务价值，或者是情感价值、文化价值。无论哪个点，只要符合客户的心意，他（她）就会愿意掏钱买单。

♟ 经典故事

苏强是一家服装生产商，由于最近市面上的布料不断在涨价，按照原来的批发价格给那些商家供货，他根本就挣不到多少钱。于是他开始想办法减少购买布料的成本，但是光凭讲价，根本压不下来多少钱。有一天，忽然他灵光一现，决定从制造服装本身下手，减少布料的使用面积。

正巧夏天来临了，他制造出了一个布料十分轻便的外衣！给商家供货之后，卖出的效果并不好，商家反馈说："这一类的产品没什么特色，看起来很廉价，而且同类的服装实在是太多了！"很多商家几乎都是以进货的成本价将衣服进行甩卖。得到反馈的苏强觉得要是再这样下去，就会失去不少老商家的信任，而且还会砸了自己多年的招牌。

可是要怎么办呢？后来在一个多年老友的点拨下，他想到：如果不降价的话，我可以多给消费者一些东西，给自己的产品增加附加值呀！这样消费者也会感觉到自己占了便宜。如果这个衣服可以像手机

那样多功能使用，一定会很讨人喜欢！忽然间，他想到既然是夏天，很多女性朋友都会怕晒，要是衣服能够防紫外线，这不也算是提升了一项功能价值吗！不仅如此，他甚至还想到重新改版设计，增加衣服的使用方式，根据个人喜好，它可以当作头纱、围巾、外披、连衣裙……

很快，他便实施了自己的想法。为了真正实现防紫外线功能，这版衣服，他采用光触媒纤维材料制作，虽然成本有所提升，但是他决定在衣服上市后，把提高的成本加入到价格中。好东西，总会有人愿意买单的。果真这版衣服在上市之后，购买数量大大提升，达成了苏强想要的效果！

导师箴言

"所谓产品的附加价值，简单地说，就是企业给客户提供的产品除其核心质量之外的所有价值。这些核心质量之外的东西，正是在一定时期内客户购买商品时最期望获得的利益或好处。客户在购买之前，都有一个关于消费这个产品的美丽梦想。谁能圆客户的梦，客户自然就会选择谁，甚至不惜高价。"

——NLP卓越商业导师 苏学锋

3

清理库存，别让产品"死"在仓库里

❋ 问题困惑

每个行业的老板都会遭遇产品卖不出的窘境。这个时候，库房里的货物无法变现，造成资金无法回笼，严重者甚至会导致公司资金周转失灵。面对一大堆库存，你有认真地思考过怎么做吗？

♟ NLP总裁智慧系统解码

清理库存，是所有品牌在运营过程中都需要做好的事情。在正常运营中，主要是增加利润，而在清理库存过程中，则主要是把货品变为现金，以增加现金流，确保下一季度货品资金充足。因而，如何清理库存，必然是一门学问。

目前大多数企业通用的方法是大幅度打折，以买一送一或者全场五折的方式将货品低价销售，以刺激顾客购买。正是因为各行各业都"约定俗成"地采用这种方法，导致这种方法反而成为了一种常规武器，不仅毫无特色，且不管你多大的品牌，换季时折扣必须得下来，在消费者眼中才算是真正开始清理库存。

但是，老板一定要记住：清理库存的过程中，降价不是目的，我们最终的目的是在降完价后，怎样真正刺激顾客来我们门店购买。如果降价还不能引起顾客的关注和消费，那么就要停止这样的做法！除了降价销售，赠送礼品也是一个不错的方法。也就是说在全场低折扣销售的情况下，满一定金额还能赠送一些东西。这方面主要是可以刺激顾客趁便宜多购买。一般来讲方案应当是如"全场买一送一，满××元更可得××"这样的活动内容。

还可以用这样的方式：代金券。代金券不是现在用，也不是过几天用，而是等下一季新品上市时可以抵多少钱。如此的方式有两个优势：一、可以减少其他类成本；二、可以使顾客在下一季度来临时首先想到到我们的门店选择货品。当然也必须考虑一个时间性问题，如果不能用代金券，用会员卡也是一个不错的方法。

经典故事

一家大型潮衣品牌集团全年要生产大约16000款衣服，一年52周，平均每周大概35款。但所有的款式不会在每个专卖店都上架，每个店平均每周上两次新款，大概每次也有50多款。一般服装企业别说一周，就是一个月也上不了这么多新款。

这家潮衣品牌集团拥有国际最出色的服装设计师团队，众所周知，时尚的最大的特点就是多变，一本畅销书、一句流行词语、一首音乐都可以形成当下最流行的时尚元素。当这些时尚元素出现时，这支出色的服装设计师团队只需几天的时间，就可以完成对世界顶级时装展所透视出来的潮流的模仿，保证这些款式在一定程度上非常接近最新潮流。在设计环节大大降低风险后，这家潮衣品牌集团也没有盲

第二章 赚取利润：钱都是"计算"出来的

目上量，它对门店的配货很准确，或者说很保守。

除此之外，这家潮衣品牌还拥有自己的信息反馈系统，总部可以随时查看到每个单店、每款衣服的销售情况和现时库存，结合店长对销售报表的分析进行配货。每周配两次新货。无论是新上架的款式，还是二次补充的款式，总部发过来的数量都不会太多。

它采取有别于多数传统服装企业采用的订货制，而是由总部根据每个店的销售情况主动配货。位于总部的设计团队能够比较清晰地看到每个单店、每个城市、每个地区需要什么样的款式，什么样的颜色，多大的尺码，每次补货大概需要补多少数量。如果用订货制的眼光来看，这家大型潮衣品牌集团每隔三四天就要开一次订货会。这保证了它在生产数量上有所根据，不会盲目地向店内压货。

此外，它还根据自己的信息反馈系统，设立了一个"库存预警"！当一定数量的衣服积压在店内卖不动的时候，总部就会由下至上开启各式各样的清理存货的行动。例如：开办展销会和品牌打折会，以及举办老客户感恩回馈活动等。正是因为这样，这家大型潮衣品牌集团几乎没有积压过季的存货，每一件生产出来的衣服都成功变现！

导师箴言

"每一件产品对企业而言，都是不可忽视的成本。当产品积压在仓库的时候，它是产生不了任何价值的。如果企业不及时处理，不仅不能够让它为企业创造利润，甚至到最后只能成为一件无用的'废品'，白白损失了企业的成本。因此，老板在清理库存上一定要足够用心，千万不要让产品'死'在仓库里！"

——NLP卓越商业导师 苏学锋

4

按等级服务：20%的客户带来80%的利润

❀ 问题困惑

围着客户打转，是每家企业都不可忽视的问题。但是，身为老板的你有没有发现：并不是所有的客户都需要我们倾尽所有的资源为其服务。服务用心是必要的，但是服务的效率更重要！那么，如何才能提高服务质量呢？

♞ NLP总裁智慧系统解码

在经营企业的过程中，智慧的老板一定要学会为不同等级的客户定义相应的服务策略。要知道，企业不能奢望让所有客户满意，这是由企业赢利的本质决定的。企业资源有限，必须要把有限的资源进行合理分配，达到最佳投入产出比。谁能给企业的利润多，服务谁的力度就大，这在一定程度上是十分公平的。

NLP总裁智慧系统认为：一般企业都会将客户分为三个等级：铂金、黄金、铜铁。铂金客户也可以称之为A级客户，这一类

第一章 赚取利润：钱都是"计算"出来的

的客户给公司将带来最大的实际效益，所以要公司整体都为之服务，这也可以体现出公司对销售业绩的重视程度；黄金客户也可以称之为B级客户，这一类客户维护好了，可以给公司带来一些长期、稳定的利润，所以要公司部门来为之服务；铜铁客户也可以称之为C级客户，一般这类客户都是零零散散的小客户，稳定性不是很强，这一类的客户让员工个人来服务即可。

♟ 经典故事

在大连有一家高新技术企业，一直以来都以生产、加工电子产品和元器件的业务为主，近几年来，在激烈的市场竞争中，企业的生存环境面临严重的威胁，由于缺乏明显的竞争优势，很多老顾客都被同行抢走，这导致销售额及利润迅速下滑。

于是，这家企业立刻进行调整，在保持技术领先的基础上，大打服务牌，突出交货期优势、加快产品推陈出新的速度等等，虽然市场有了一定的起色，但是很快又出现新的问题：企业的成本投入过高，包括人力成本、物流成本、管理成本等。

经过管理专家的分析，出现这些问题的原因在于：只要是公司的客户，不分等级大小，员工都用足了全力去跟踪、服务！这种"胡子眉毛一把抓"的客户服务模式，不仅效率不高，而且大大增加了公司的负重！

痛定思痛，这家企业的老板在分析了这些问题之后，及时调整客户策略：提出客户差异化、精细化的运作模式。首先对市场及客户确定分类标准（其划分纬度主要考虑二级以上城市的市场占有率，华南、华东、华北的客户等级普遍较高，当然也考虑了销售业绩纬度），其次针对不同的价值客户提供差异化的客户策略。

其实,这家企业80%以上的利润实际是由不到20%的客户所创造,正因为如此,这家企业能够利用有限的资源紧紧抓住其重点客户的需求,贴身式服务,一站式服务,不断在行业中扩大领先优势。

导师箴言

"众多企业实施企业客户等级划分服务,是为了更好地进行系统整合与记录企业各个部门所接触的客户资料,并对这些资料进行统一管理。通过对这些客户信息的分析和挖掘,深入了解客户的需要,发现企业的高价值客户,从而向客户提供更加具有针对性、更加专业化的服务。记住:对不同等级的客户,一定要送上不同等级的服务!这样避免了人力资源浪费的同时,也可以把服务水平变得更精准和高效!"

——NLP卓越商业导师 苏学锋

5

开发大客户，赚大钱比赚小钱容易

❀ 问题困惑

一招领先，招招领先！二八原理告诉我们：80%的利润来自20%的大客户，大客户是企业的命脉。身为企业老板，你关注大客户了吗？你了解大客户销售吗？你想赢得大客户吗？但你知道运用什么方法才能做到这一切吗？

♟ NLP总裁智慧系统解码

也许公司里的销售人员每天都十分勤劳，忙碌不休，也为公司签了很多笔单子，但是到了月底一算，这大大小小的单子根本没有创造多少利润。其实，这其中有个主要原因就是：可能他们对待所有的客户都是一视同仁！但根据80/20法则，只有去主攻那20%的优质客户，才能够为公司带来80%的高收益，反之，大量精力浪费在了另外80%的低值客户，每天很忙碌也不过只是赚些辛苦钱而已。

尤其是近年来，在国家各项经济政策的引领下，市场经济发

展得尤为快速,随之而来的就是市场竞争的日益加剧,这导致"优胜劣汰"现象愈加明显。"强者愈强,弱者愈弱"已经成为大势所趋,不可逆转。大量的中小经销商,在顶着巨大压力之下,无奈退出市场,规模庞大、势力雄厚的大客户也应运而生,并不断蚕食其他中小商家的地盘。企业的营销策略随之改变,越来越多的企业开始将大客户作为自己最主要的渠道网络,并在市场中取得了不俗的业绩。

由此可见,大客户对于企业生存和发展起着十分重要的作用。可以断言,成功进行大客户销售的企业才是最具有活力的企业,才是市场竞争的真正赢家。事实一再向我们证明,深入细致的分析和了解客户是未来做好销售工作的基石。我们应该先分析哪些是大客户或潜在大客户,然后针对潜在大客户进行有计划和有目的的培养。一旦锁定你的大客户后,就如一座金山一样,需要不断地去挖掘。

经典故事

在一家房地产公司,顾明刚来到这里的时候,觉得自己能力不够,于是总是愿意和一些没架子的小客户打交道,可是这些小客户询问的多,真正签合同的少,而且这些客户买的都是相对较为便宜的二手房,这样一来,顾明的提点也就不高。

后来,看中顾明能力的店长找他谈话,让他把目光多放在有钱的大客户上,但是顾明心里有很多顾虑,他觉得以自己的能力根本不可能谈下大客户,但是店长坚持让他试一试,并允诺了比其他同级销售人员更高的提点,这大大鼓励了顾明。

从那之后,顾明开始挖掘自己的大客户资源。有一次,他在一个

第二章 赚取利润：钱都是"计算"出来的

朋友的介绍下，认识了一位很古板，不苟言笑，也不喜欢吃喝，很难搞定的大客户，常规的手段其都不感兴趣，最后在顾明的引导下，终于打开了话匣子，他说道："儿子最近让我给他买新款手机……"刚开始，顾明以为客户是暗示要一部手机，但是后来他发现这个客户语气中带有一丝无奈，似乎另有隐情。

深入询问后得知，他的儿子15岁，马上要考高中了，可是不爱学习，即使头脑聪明，在班里排名也一直是中游。这个时候，顾明突然想到有一个朋友，是搞心理教育的，主要就是通过他开发的一套趣味教学课程与心理辅导，帮助不爱学习的青少年对学习产生兴趣，并领悟方法。

这次谈话过后，顾明赶忙联系了这个朋友，并支付给他20课时的辅导费，又找到这个客户，提出免费为他的儿子进行辅导。一个半月后，这个客户兴奋地给顾明来电话，说他儿子测验成绩提高了6名，同时邀请他和那位心理教师去吃饭，从此，他们三个经常聚会，都成了好朋友，业务自然不是问题。不仅如此，因为认识了这个大客户，他后面有着很多同等级的朋友，也都渐渐成了顾明的客户！这个时候，顾明才真正明白：大客户虽然难搞，但是背后利润真不少！

导师箴言

"一个大客户等于一百个小客户！一个出色的销售员，绝对不能只围着小客户打转，要学会跳出思维的框架，开发大客户资源，当你成交一个大客户，实际上挣得是诸多个小客户带给你的利润。除此之外，在大客户的背后，还有源源不断的资源可以为你所用！智慧的老板一定要学会让自己的销售人员打开大客户的市场！"

——NLP卓越商业导师 苏学锋

6

坐销变行销，走出去才能引进来

问题困惑

很多老板，每天都喊着要招揽更多的客户，但是怎样能吸引更多的客户进门、为自己的产品买单，他们却毫无方法。其实营销不是简单的卖货，它包含着很多形式，是想与做的最佳结合。身为老板的你，知道该怎么做了吗？

NLP总裁智慧系统解码

在不同的时期，每个公司需要不同的营销策略，只有用对了营销策略，才能够实现真正的"对症下药"，来为公司创造更多的利润！在现今的市场经济下，有效营销的方式必然是跟随着时空角的变化而变化。

例如：以前都是厂家生产什么，消费者才去买什么；而如今在这个提倡消费者个性的时代，是消费者需要什么，厂家才会去生产什么！除了供需的整体变化，营销方式也开始有了巨大的转

第一章 赚取利润：钱都是"计算"出来的

变！以前店家只管开好店，等着顾客临门就好，而如今在互联网时代的影响下，变成了商家送货上门！所以，对于未来市场营销的发展而言，找到行之有效的方式招揽客户，是所有企业经营者必须严肃思考的问题。

坐销，是最传统的店面营销，是被动等待客户进门，这种方式现在已经没有办法为自己的企业大幅度创造利润了。因为这种延续长达20年之久的"坐销"模式，在存量市场庞大、线上广告效果乏力的背景下几近淘汰，为了调动一切可能的潜在消费力，为让越来越多人参与销售，让市场需求接近供应的前端，注重发掘多方销售的"行销"模式走入市场，成为企业的主流选择。

其实，所谓的行销，就是化被动为主动，走出店门寻找客户，透过有效沟通，从而吸引更多的客户来为自己的产品买单！行销是一种高级的营销战略，它一般是整个企划团队思维风暴和行动力的结合体，它并非一次简单的阶段销售，而是要从整体、长远的销售结果和总和来考虑，以主动创造销售结果为目的！

经典故事

去年，闫伟开了一家体育用品专卖店，由于店面不太大，于是就招了两个营业员，帮着卖货。当初为了能让更多人走进店面，闫伟在选址上也是煞费苦心，花了高额的租金选在了一条商业街上，那里人流量比较大，可是店开起来之后，发现并没有起到实质上的效果，进店里选购商品的人少之又少。

为了招揽更多顾客，他开始让营业员在店面门口给路过的人介绍店内的产品，并设立了一个小型的特价展台，这样做虽然起到了一定

的作用，但是还是不能给他带来大的利润。这样下去，开店挣的钱好像还没有给别人打工时候挣得多，闫伟开始变得愁眉不展。

几天后，一个朋友对他说："你搞搞行销吧！"闫伟一愣，问道："我这么个小店咋搞行销啊？"朋友笑着说："就是小店才要搞行销啊！你现在营业方式属于坐销，太被动！应该多找点销售员替你开拓市场，不能光指着这条街上的人来购买你的产品，你想想这条街来往的人是有限的，并且准客户的几率太小，这样你怎么实现盈利啊？"

想想朋友的话有几分道理，于是他便按照朋友说的方法做了。在雇佣了业务员之后，他按产品盈利来确定提成，没想到几天后，销售额度渐长！更令人惊讶的是，一个销售员跟学校体育训练队达成了合作，可以长期给他们供货！通过这个合作，闫伟充分发现了行销的效用！他开始重视起行销来，不仅自学行销的方法，还专门设立了一个销售小组，谁能有好的行销点子和方案，都可以和他沟通，确定通过并实施的，最后都能拿到奖金。

凭着销售小组提供的策划点子，闫伟的体育用品专卖店越做越大，每月的营业额都在倍增。为了给销售小组更好的工作空间，他还租下楼上的房子，作为他们新的工作室。而销售人员的提点也变得更高了！每一个月，闫伟都要开一次到两次的沟通大会，让策划小组和销售人员以及店内营业员各抒己见，通过提出问题、分析问题、解决问题，帮助公司更好地维护老客户、开拓新客户、增加产品的销售量！

导师箴言

"想要自己的公司和产品能够产生更大的市场效应，从而赚取更多的利润，那么就不仅要打理好实体店面、产品与终端销售

第一章 赚取利润：钱都是"计算"出来的

（坐销），更要创新多种方式去主动开辟市场，寻找客户（行销）。但是，最重要的是，必须要有一个核心的目标，树立品牌意识，通过整体定位来制定合理有效的行销策略。唯有如此，才能招揽更多的客户。"

——NLP卓越商业导师 苏学锋

7

降低人员费用，确定绩效考核标准

❋ 问题困惑

为什么感觉公司的人员费用越来越高，却没有见到他们所创造的结果？是你一直以来根本没注意员工的开支问题，还是你不懂建立一个合理而高效的绩效考核机制？

♟ NLP总裁智慧系统解码

公司的利润是收入和支出相减后的结果。而员工既是公司的奉献者，也是公司的索取者，公司给员工发出的工资和奖金要占企业开支的一大部分。正因如此，老板在对员工的开支上要十分精心，只要合理地降低对员工的开支费用，就能够保证利润的增加！

当然，这并不是让老板去克扣员工的钱，而是要明确什么样的员工值什么样的钱！每个员工的职位以及对公司的贡献都是不一样的，对于创造出更多结果的员工，自然要付给他足够多的工

第一章
赚取利润：钱都是"计算"出来的

资，而对于不能创造结果的员工，公司应该尽早剔除。想要"开源节流"变得更加合理化，那么设计一套绩效考核标准就势在必行了！

一般来说，公司设立绩效考核制度，是老板用来激励员工努力工作的手段。老板希望通过考核掌握员工的工作状态，员工也希望自己的工作被企业承认并得到应有的待遇。可以说，科学、合理的绩效考核机制是老板与员工双方都欢迎的，因为这种机制既有利于员工个人的成长，又有利于企业利润的增长。

♟ 经典故事

IBM公司正是从绩效考核机制中获得了长足的发展。IBM公司CEO郭士纳大胆改革，加强公司的绩效考核机制，具体方法是：不说空话，先从"运营(利润)入手（记住，不是从远景与战略入手）"，一个口令、一个动作地踏实训练，然后再从远景与战略入手（记住，这时候强调远景与战略的一致性比利润重要）……

在实际操作中，公司开始参照员工的绩效将员工分为优秀、及格、差等三类，对于优秀的员工，大加奖赏；对于及格的员工，辛苦培养；而对于差等员工则无情地"剔除"……这种绩效考核机制，不仅激发了公司内部的活力，也使企业的利润节节升高。最终，以利润为导向而建立起新的绩效考核制度，使IBM获利增大，从而重新获得市场领先地位。

在一次会议中，IBM公司旗下的一位销售总监说："绩效考核机制是领导们实施有效管理的指挥棒，对企业的发展具有极大的作用。基于该机制的存在意义，当今的很多企业家越来越关注企业绩效考核机制的建立，它不仅能成为激励员工的动力，更能让我们辨识出无用

的庸才和破坏企业发展机制的'毒瘤'。"

导师箴言

"绩效考核是组织对员工工作质量评估的一种方式，是对他们进行奖罚的主要依据，是激励机制的重要组成部分。所以，绩效考核结果一定要与员工的薪资、提升和培训机会挂钩，才能真正发挥其应有的激励作用。如何建立完善的绩效考核制度，又如何做到真正意义上的公正、公平，是老板必须思考的问题，只要能建立起一个行之有效的绩效考核机制，那么让员工自动自发'动'起来，就会变得十分容易。"

——NLP卓越商业导师 苏学锋

8

目标精准，学会聚焦高利润产品

❋ 问题困惑

为什么有的时候，你感觉销售人员卖出很多产品，但是给公司带来的利润却不高？明明客户源源不断，却达不成自己设定的目标与结果？这个时候，你该如何改变这个局面，让自己真正实现真正的创收呢？

♟ NLP总裁智慧系统解码

利润=（销售单价-进货单价）×销售数量-运营成本。从这个简单的公式我们知道：最大限度的利润来源于以最低的运营成本把最低进货单价的产品以最高的售价卖出最大的量。能够实现这个结果的产品，被商家称之为高利润产品。

在如今这个发展迅猛的时代中，高利润产品，这个关键词没有几个老板不关心，在这个商业社会中，打造出一款高利润产品，将贯穿整个商业产业链，为整个企业的发展带来巨大的效益！不仅如此，这款高利润产品一旦在市场上具有一定的名气，那么企业旗下的其他产品也会跟着受益。因此，想要成为一家成功的企业，就必须具备一款高利润产品！

很多时候，高利润产品会和高端产品以及爆款产品等同。想要打造这样的一款高利润产品，必须以自己所在的行业为基准，以品牌定位为主轴，最主要的是一定要定位好这款产品的消费人群。一旦把高利润产品做成型，加上多方位的渠道市场，一定会为你创造不可想象的利润！

经典故事

有一家只有170多人的企业，在短短一年的时间内，创造了业界的神话传奇！只因为它创造了20亿美元的收入！唯伊奥，这个看似不起眼的台湾品牌，价格上比一线品牌索尼要便宜百分之二十，这有益于它对外销售，它以价格优势巧妙地避开了和一线品牌的竞争。

其次，它最聪明之处在于，在销售的渠道上，并没有如海尔一般选择在沃尔玛这样以低端消费人群定位的商场，而是选择了"会员制量贩店"作为销售渠道，这样一来，它就保持了自己的高端形象。

从价格上来说，唯伊奥生产的液晶电视，并不是出于自身厂家，而是代工生产，主要的代工厂是中国台湾的瑞轩科技及鸿海精密这两家公司，这有利于它压低产品的价格，在产品一开始进入到主流市场的时候，售价就比一线品牌便宜一半，到现在已经逐步缩小到了百分之二十！

从销售渠道来说，唯伊奥选择美国最大的会员制连锁仓储式超市：好市多，是看中了它的定位。一般来这里消费的人群都是消费能力较强的中、高端消费者，他们基本上会每周来光顾一次。这样的渠

第一章　赚取利润：钱都是"计算"出来的

道，大大提升了唯伊奥的品牌形象。而且唯伊奥的品牌推广，几乎完全依靠卖场展示和口碑营销，广告投放资金不到公司开支的1%，这又大大节约了宣传的费用！

正是利用这些优势，唯伊奥打造了高利润产品，在一年的时间内为公司创造了20亿美元的收入。与此同时，也让自己成为了行业内不可忽视的传奇！

导师箴言

"企业打造一款甚至多款高利润产品，才能不断实现利润的翻倍！因此，作为一名智慧的企业家，在成立公司之时，就要目标精准，找到这样一款足以支撑企业发展的高利润产品，在实现不断创收的同时，塑造企业品牌形象，把企业做大做强！"

——NLP卓越商业导师　苏学锋

9
不断开发供应商，有选择就有话语权

❋ 问题困惑

为什么你在和供应商谈价的时候，永远处于被动？为什么和供应商合作这么多年，没有得到一个合理的折扣价格，甚至不减反增？你知道采用什么办法，能够更好地减少对供应商的支出吗？

♟ NLP总裁智慧系统解码

很多老板做企业这么多年，在供应商管理上真的是"从一而终"！尽管这样做可以和供应商形成一个稳定的、良好的、互惠互利的合作关系。但是不能保证，一旦这家供应商出现了供货不及时或其他问题，你的企业可能就会遭受巨大的损失。

在NLP十八条前提假设中，曾提到：有选择就是有能力。所以，有选择总比没有选择好。这也就是告诉我们：想要避免以上现象的发生，以及考虑到降低成本的问题，企业多找几家供应商已经成了必不可少的事！这样能够带来诸多的好处，如：从价格

对比使自己企业支出的成本降低；从质量对比以便使自己产品质量得到不断提高，从而扩大自己产品在市场的销售量和知名度；可以将货品供应主动权掌握在自己的手中，在别人没有货品时，确保在货品供应紧张时能使企业货品供应得到有效保障。

当然，每一家供货商的价格和货品质量都是参差不齐的。对于质量不平衡的问题，可以通过沟通，要求供货商不断改进和提高货品质量，以满足自己货品质量的需要。如质量达不到本企业要求的，可以暂时搁置，保持联系必要时做替补队员。

♟ 经典故事

2002年，程丽作为一家化妆品公司的总裁，和合作多年的供应商洽谈供货的问题，本以为一切十分顺利，没有想到在投产后发现，由于在前期采购原材料上没有监控到位，生产出的化妆水存在着严重的质量问题，需立刻停止生产，重新调制。

根据供应商的合作协议，因供应商造成的损失，部分由供应商承担，但这件事情让化妆品公司的董事长以及各位股东十分不满，因为发现问题较晚，而且没有其他后备的供货商，不能够按宣传的那样准时让产品上市，这不仅损失了一大笔的投入资金，还对消费者搞起了一场"乌龙"事件，对刚建立的品牌而言大损形象，所以董事会决定作为总裁的程丽要承担相应的责任，并且要立刻找出最佳处理问题的方案！

当时程丽觉得十分委屈，毕竟这不是她刻意造成的，供应商照理说应该负全部的责任。于是她找到董事长，希望能够减免处罚。但董事长对她说："程丽，你以为我真的愿意处罚你吗？今天的处罚是一个阵痛，这对企业的发展是有利而无害的。"听了董事长的话后，程

丽说："好，董事长，我接受您的处罚。今后我一定要以此为鉴，提高供应商的管理意识，确保货品的质量水平！"

通过这次事件，程丽意识到仅有一家供货商是远远不够的！于是她一连开发了几个新的供货商，并且在"货比三家"的过程中，选择了一个价格和产品质量都相对满意的供货商，不仅如此，她为了落实材料质量，还亲自去了供应商那里跟他们交流，从源头上进行监督，严抓货品质量，材料质量不符合质量标准的绝不选用，每次配制化妆水的材料都需要经过6~7次的化验；当供应商的材料技术改进遇到比较大的难题时，她就亲自带领公司的技术人员与供应商一起研究解决。从那之后，在供应商管理方面，程丽再也没有出现过问题，公司的发展也变得愈加快速！

导师箴言

"不断地开发供应商，是一家公司发展的必然要求，多家供应商能够让公司避免临时发生意外状况，而且供应商越多，我们选择的机会就越多，在不断的衡量、比较之中，会拥有更多的话语权，这有利于降低公司的支出成本。"

——NLP卓越商业导师 苏学锋

10

清应收，把欠款"追"回来

🏶 问题困惑

作为一名老板，你肯定想过：为什么自己辛辛苦苦努力了很久，却发现自己真正到手的利润并不多，客户的回款要拖很久，有的甚至不了了之，那么该如何摆脱客户赊账和迟迟不肯结账的窘境？

♟ NLP总裁智慧系统解码

很多老板在经营企业的过程中，都习惯了让客户"打欠条"，结果回款变得遥遥无期！如果是常年合作的关系，也许你还不好意思开口要，最后拖来拖去，这笔回款永远不会到达自己公司的账里，因此赔钱的买卖真的是太多太多，更甚者，由于外界的欠款实在是太多，导致资金周转失灵的事件比比皆是。

NLP总裁智慧系统中，曾提到：超过归还期限两年的欠款基本上很难再要回！这是为什么呢？因为这在法律上是有合理依据的,如果借款期限已满,经出借人催要而仍未偿还借款的,出借人可以依法向人民法院提起诉讼,运用法律武器保护自己的合法权益。出借人在起诉时要注意诉讼时效,《民法通则》第135条规定:"向人民法院请求保护民事权利的诉讼时效期间为两年。"如果超过两年的诉讼时效,人民法院就会不予受理,出借人的债权就失去了法律保护。

因此,这就是在警示各位老板:无论你是做多大的生意,最好是现金流!如果做不到,那么就一定要在签合同的时候,和对方约好回款日期,并写好违约后的赔偿事项。要尽量保证:让外界的欠款能够回笼,最合适的收款期限,应该是一年之内,千万不能拖太久!

经典故事

苏强在自家小区附近,开了一家水果连锁超市,由于他本人十分憨厚腼腆,比较好说话,很多住在水果超市附近的邻居在买水果的时候,都喜欢赊账。他们经常随口就说:"苏老板,我这刚才下来得急,没拿钱,你看明天我再把钱给你行不行?"一开始,苏强还是很理解这些街坊邻居的,可是后来却渐渐发现:这些人赊账之后,都不太爱主动来还钱!一来二去,苏强的记性也不好,就给忘了。

后来,苏强特地买了个本子,用来记这些赊账,但是这样的方法也没能让他们及时还钱,苏强脸皮比较薄,要钱的事情总是不太好意思开口,结果到了年底一算账,自己反倒赔了不少钱,这样下去开这个水果店有什么意思,也挣不到钱。

正打算关掉水果店,明年做点别的事情时,他老家的姐姐来到了他这儿,得知他的情况之后,对他说:"你之所以会赔本,就是因为

第一章
赚取利润：钱都是"计算"出来的

你赊出去的账根本没有要回来！你拿账本算一算，这几个月里有多少钱是损失在这上面的？虽然每一次客户都是五块八块的欠账，但是累计下来，却是一大笔的数额！就算你不干了，也必须把这些钱给收回来！"

一语点醒梦中人，在姐姐的帮助下，苏强开始丢却了以往的不好意思，开始了自己的"追账"行动！一个多月来，苏强终于把那些人欠的钱都收了回来，拿到这些钱后，他又算了一下账，其实这家水果店是盈利的，而且由于小区附近只有他这一家水果店，这盈利的数额比自己的预期要多出一倍！这几个月才刚刚开始而已，于是苏强立刻打消了之前关店的想法，继续干下去，不过他决定从此之后，如果无特殊原因，概不赊账！

导师箴言

"钱，只有到了自己手里，并且产生了价值，才是真正属于自己！所以，做生意的时候，一定要避免过多赊账！无论是对待大客户，还是小客户，我们都应该有自己的准则，切不可让他们过了度！对于外界的欠款，我们一定要及时追踪，不能扔在一旁不管，否则没自觉性的客户会迟迟不还！"

——NLP卓越商业导师 苏学锋

11

加项目，让老客户永远围着你转

❋ 问题困惑

为什么一直很支持自己的老客户不常来了？如何做才能让客户永远保持活力，并且持续为自己的产品买单？你有思考过这个问题吗？

♞ NLP总裁智慧系统解码

在这个世上，任何人对审美都是有疲态的，长期去接触某一件事物会让人感觉丧失了最初的乐趣，未免有些乏味。这放在消费者身上，其实更为明显。身为一家企业的老板，如果你只生产单一的产品，就算再优秀，消费者的新鲜感也会很快丧失，于是慢慢地，他们就会离你而去！

为了稳住老客户，并且开发到更多的新客户，这就要求老板不能固守一件产品，而是必须不断地通过创新，增加自己的产品或服务的项目，从而吸引消费者的目光，让他们永远围着自己的

第一章
赚取利润：钱都是"计算"出来的

企业打转，永远为自己的产品买单！

谈起"创新"二字，很多老板的第一直觉便是和技术挂钩，于是觉得太高不可攀，离自己太过遥远，仿佛创新只是科学家们才做的工作。其实，恰恰相反，创新的形式有两种：一种是从无到有的创造过程，另一种是基于某些现有的东西而加以改造的过程！智慧的老板，往往可以从某些小细节入手，甚至不需费用多少脑力，就可以开启一个诱人的小项目，为自己经营的企业带来大效益！

♟ 经典故事

在菲律宾的首都马尼拉，有一家"侏儒餐厅"。这家餐厅上至经理下至侍者，都是最高不过1.30米、最矮只有67厘米的侏儒。由于奇特的服务方式，使得各国游客纷纷慕名而至，餐厅生意十分兴隆。

然而，餐厅的女老板在酒店林立的马尼拉刚开始经营餐厅时，也同其他餐厅一样，招了一帮漂亮的姑娘和英俊的小伙子当招待，刚开始生意还不错，可是后来单一的菜色以及毫无特色的服务，开始无法吸引客户，于是生意变得越来越不景气。女老板是个雄心勃勃的人，她不甘示弱，决心将餐厅的经营面貌彻底改观，她要找到一个独特的经营方式以及增加更多能吸引客户的兴趣点。

女老板苦苦地思索着振兴餐厅的良策。一天，女老板在大街上偶然发现一个头大身小的侏儒，这个小矮人看上去相貌滑稽可爱，平时极少见到。女老板灵机一动，一个奇妙的想法立刻占据了她的脑海：何不办一个侏儒餐厅。

于是，女老板招了一些矮人，这些侏儒有的当厨师，有的当收银员，而更多的是当服务生。为了让客户享受到更多的乐趣和服务，她

又创办了侏儒才艺表演以及趣味餐点等互动娱乐项目。很快,"侏儒餐厅"就以它奇特的产品以及滑稽可笑的服务方式而独领风骚。

自那之后,这家餐厅的顾客每日都源源不断。而女老板也在不断变换着餐厅的各种菜色以及侏儒服务的方式,永远不断地创造和变化,能够让所有的顾客永远感觉新鲜!

导师箴言

"一家优秀的企业,必然是懂得不断变化的企业!时空角不断地变化,也会让消费者对产品的需求不断变化,智慧的老板要学会跟随时空角,不断为自己的企业增加项目,让消费者永远保持着新鲜感,这样才会更有利于公司赚取更多的利润,稳步快速地发展!"

——NLP卓越商业导师 苏学锋

导师语录

★客户对产品是否有需要,是否会下单,是大客户,还是小客户,来源于销售人员自身的感知,而自身的感知是来自自身的经历,并不是客户的真实现象。

★要想成为一个赚钱的高手,首先要先成为一个花钱的高手。这就是说:要想赚钱,必须先学会花钱。

★很多老板的人生之所以大起大落,是因为他们自身缺少一个习惯:总结的习惯。当赚钱的时候,我们应该去总结是何原因让自己赚到了钱;当亏钱的时候,我们应该去总结是何原因让我们亏了钱。

★服务客户级别的大小,决定了我们赚钱的速度!服务客户数量的多少,决定了我们成功的大小!为有钱的客户创造需求很容易,为有需求却没钱的客户创造金钱很难!多挖掘一些有钱的客户,会成为企业发展最好的支撑!

★老板只有满足了员工、客户的好处和利益,他们才会陪你一直走下去!不要抱怨员工和客户的背叛,他们背叛的背后,恰恰说明了你给的好处和利益还不够多。

★销售人员要永久问自己的三个问题:我为何值得他人协助?顾客为何要帮我转介绍?顾客为何向我买单?

★做业绩千万不要小看每个月的最后几天,这好比是3000米长距离跑,当你跑完2700米时,最终的300米犹为重要,最终几

导师语录

天是最容易发生奇迹的时间。

★一个人如果赚得比你多10倍，而在工作上花的时间又不比你多，那么他一定是做了与你大不相同的事。

★在你生活中经常遇到的东西，就会变成趋势，大多数人遇到的问题，就是商机。

★随时随地都在销售，把销售变成一种习惯。成长永远比成功更重要，你可以不在销售中成交，但你必须在销售中成长。

第二章

商业模式：
规划企业未来发展版图

在如今这变幻莫测的时代中，最成功的企业家往往不是最聪明的、也不是最勤奋的，而是最懂得运用商业模式的。创造并设计一个好的商业模式，能够为企业打造出核心的竞争优势，实现公司的可持续发展。因此，一个智慧的企业家必须要为自己的企业打造一套落地、可行的最佳商业模式。

——NLP卓越商业导师 苏学锋

1

企业顶层设计：定位定天下

❋ 问题困惑

互联网时代的三驾马车：百度、阿里巴巴以及腾讯为什么能够发展得如此迅速，而且在如今变得不可替代？就是因为它们有一套属于自己的独特的商业模式，它们很清楚自己的定位在哪里。想要企业稳步发展，企业家就必须找准自己的发展定位。你的企业找到了吗？

♟ NLP总裁智慧系统解码

管理大师德鲁克说过："当今企业间的竞争，不是产品之间的竞争，而是商业模式之间的竞争。"而在商业模式中，不可忽视的一点就是有关于企业发展战略的定位！它所强调的是商业模式构建的目的，可以帮助更多的人来理解企业的发展状态，这个状态包括提供什么样的产品和服务，进入什么样的市场，深入行业价值链的哪些环节，选择哪些经营活动，与哪些合作伙伴建立合作关系，怎样分配利益等。

很多企业在发展的过程中遭遇瓶颈，并非时空角的变化影响所致，更多时候是因为在一开始就没有抓准自己的发展定位。于是在不断地前进中迷失了方向。因此，把握好企业的商业模式定位，是一家企业发展的核心命题！要选定一个企业可以据为己有的位置。

在确定企业战略定位的过程中，需要回答的问题主要有六个：企业的业务是什么？一直发展能够做多大？目标客户是谁？应该向他们提供什么样特征的产品或服务？和谁合作能达到这样的效果？运用什么方法可行？定位是战略的核心，同时也是构建一个优秀的商业模式的起点，当企业老板明确以上六个问题的时候，企业就不会走"弯路"，目标精准，就一定能够扶摇直上！

经典故事

如家经济型酒店，曾是商业领域中最耀眼的明星之一，从创建到上市一路顺风顺水，被业内专家和媒体争先报道，它之所以能够创造"神话传奇"，和它自身的商业模式有很大的关系！通过前期一系列的分析与调查，它准确地找到了市场需求的空白区，为发展它自己的商业模式找到了立足点。

2002年6月，在首都旅游国际酒店集团与携程旅行服务公司共同投资下，如家连锁酒店正式诞生！当时，在国内商务旅游和私人旅游市场，高标准星级酒店的价格让大多数人望而却步，高档的酒店干净、豪华，但是不经济；经济酒店，甚至很多三星级酒店却不安全和不卫生。正是在这样的市场环境下，如家敏锐地洞察到了消费者的深层次需求，决定做一个既能够保证干净、整洁、舒适，又能在价位上

让消费者满意的经济型酒店。

尤其是在充分借鉴了欧美完善成熟的经济型酒店模式之后，它的商业模式理念油然而生！自那之后，如家便开始为商务和休闲旅行等客人提供"干净、温馨"的酒店产品，并大力倡导"适度生活，自然自在"的生活理念。在装修设备上，如家不追求豪华宽阔的大堂，但要求非常整洁，它采用分体式空调，冬天则使用暖气，如家甚至将星级酒店主要收入来源之一的餐厅也大大简化，只占地50～100平方米，且不对外服务，把更多的空间变成客房。

化繁为简、重点突出的商业模式定位，既能为目标顾客提供更加合适和满意的服务，又能给如家带来很大的成本优势。在这种市场布局之下，如家迅速地找到了自己准确的品牌定位，从其创立之日起，就步入了快速扩张的道路。由此可见，正确的商业模式定位，可以帮助企业实现稳步且快速的发展。

导师箴言

"商业模式的定位，对于经营理念定位、产品定位以及解决发展过程中的种种问题等方面都有着不可替代的指导作用，只有确立了企业商业模式的发展定位，才能够找准客户源、开拓新市场！商业模式成败的关键就看企业的定位是否准确，是否符合现今社会的发展趋势和消费者的需求！"

——NLP卓越商业导师 苏学锋

2 在模仿中创新，找到适合自己的路

问题困惑

一个新市场的诞生，总是会有诸多人趋之若鹜，除了第一位发现市场的人，其他人可以说是模仿者，或者说是追随者。不想很快地在这个市场消失于无形，就要在模仿中创新自己的路，那么我们要如何做到这一切呢？

NLP总裁智慧系统解码

2017年里，火爆中国的共享单车，让人们感受到诸多便利。从一开始的摩拜单车、小黄车，后来又出现了小蓝单车和小绿车。看来，跟风而来的追随者还不少！大概是觉得有利可图，于是都来分享这"共享单车"领域的一块大蛋糕。滴滴、快的、优步的大战刚刚告捷，共享单车却又开始进行新一轮的"厮杀"，市场竞争的硝烟从未停过！要想在角逐中取胜，就势必要在相同的模式中创新自己的风格，差异化定位与营销，看消费者愿意为

第二章 商业模式：规划企业未来发展版图

谁买单，谁就是最后占领市场份额最大的胜利者。这证明什么？单是模仿还不行，需要创新才有出路！

"**模仿卓越，复制成功！**"这是NLP的核心理念！可以说，**模仿是一种最为简单有效的方式，它可以让我们在最快的时间内获得成功！**但是，人不应该只是为模仿而模仿，而应在模仿中超越，在模仿中时刻寻找着突破——细心观察学习别人的经验，同时挑剔别人的缺点，有意识地进行改进。

高尔基说过："第一个把少女比做鲜花的是天才，第二个则是庸才，第三个便是蠢才。"因此，一个人要想成功，只靠模仿跟风是不行的，关键还要创新。一开始的模仿，可以让我们从中获得创新的灵感，找到创新的方法。为什么要提倡在模仿中创新呢？因为如果不及时创新，你的单纯模仿就毫无特色，在这个大浪淘沙的时代里，没特色的东西就会被淘汰！然而，创新需要很大的智慧，它需要我们有足够的观察力，洞察到消费者真正的需求点！这个时代，谁能打动消费者的心，谁就是赢家！

经典故事

模仿+创新，让褚时健转眼间成为了橙王。2002年，当褚时健刚刚保外就医时，很多烟草企业的领导就找到了他，希望他能够出山为企业出谋划策，甚至还有人找他去开矿。但褚时健都没有答应。

当时云南有些人在种橙子。经过一番考察，褚时健发现云南地区的环境非常适合种植橙子。他也决定种植橙子，他先是请教了多位专家，之后才开始自己研究橙子。

刚开始，褚时健是一个典型的门外汉，不懂得选择哪个品种。后来，他经过调查，决定种植冰糖橙。当时，冰糖橙的价值不高。这种果树在南方被广泛种植，产量也不小。昆明街头的水果摊上都明码标价：冰糖橙10元3公斤。

褚时健为什么要选择这个市场几乎饱和的品种呢？他解释说市场有这样的需求。于是，他下定决心种植冰糖橙。

褚时健并不满足于模仿别人，而是想方设法地把自己的橙子做成一流的产品。于是他又开始在肥料、剪枝等方面进行创新，进一步提升橙子的品质，使得橙子的甜酸度维持在18:1左右，符合中国人的口感。

褚时健正是运用这种模仿中创新的做法，使得自己的橙子成为了市场上的畅销水果，他也终于创造出了自己的品牌——褚橙。

导师箴言

"在当今这个新事物不断涌现的时代，我们需要模仿，但更需要创新。我们不要'跟风'，不要在别人后面亦步亦趋，这样做虽然容易，风险也较小，但是这样做就跟吃别人的残羹剩饭差不多，难以有所作为。我们要具备创新的思维和眼光，在模仿中，找到适合自己发展的路，才能'一招鲜，吃遍天'。"

——NLP卓越商业导师 苏学锋

3

打造最强动力,不可忽视的企业DNA

❋ 问题困惑

企业文化是一种信念力量、道德力量及心理力量,这三种力量相互融通、促进形成了企业文化优势,这是企业战胜困难,取得战略决策胜利的无形力量,当代企业要保持平稳和持续发展,就必须开发具有自己特色的企业文化。身为老板的你,该如何打造自己企业的文化呢?

NLP总裁智慧系统解码

提及"DNA",大家应该都不陌生。其实,所谓的DNA就是一种信息,它完整地记录了生物将要生成的模样和所具备的各项功能,是生命得以延续和发展的保证。所以有人形象地把企业文化比喻成企业的DNA,它是企业长期发展的保证。对于世界上的任何一家企业而言,员工就是其构成的组织细胞,每个员工只有在企业DNA的意识主导下才能进行正常的工作,才能达到前所未有的成效，才能让企业长久健康地发展下去。

　　企业的DNA是存在于企业中的一种黏合剂，能把企业内部的各种力量汇聚到一个共同的奋斗方向上；它又是企业的灵魂，是推动企业持续发展、快速成长的强大精神动力。好的企业DNA能让企业有吸引力、凝聚力、激励力及一种向上的力量。反之，不好的企业DNA，会使企业运作不力、效率降低，迟早会被市场淘汰。

　　在经营企业的过程中，企业中的细胞（员工）DNA总是会发生一些突变，换句话说，企业中的个人思想也会发生变化，变好了企业会有所进步，变坏了企业就会出现波动。在这种情况下，企业就需要经常对员工进行思想教育，让企业的DNA更具活力。

　　事实也证明了这一点，只有强势的企业文化才能让每个人有强烈的使命感，并保持和促进企业文化。总而言之，一个企业的文化一旦形成，不管其今后发展如何，它的企业DNA将会长期保留和发展，也许这就是百年企业生存的秘密所在。

经典故事

　　现在的阿里巴巴，可以说是：无人不知，无人不晓！作为全球国际贸易领域最大的网上交易市场和商人社区、全球企业间电子商务的第一品牌，它在国际互联网上完美演绎了属于中国人自己的传奇故事！

　　取得如此硕果，必然和它的经营者有着不可分割的关系！在马云的管理理念中，阿里巴巴的文化至关重要，是不可改变的。当阿里巴巴收购雅虎中国时，马云就曾明确指出："有一样东西是不能讨价还价的，那便是企业的文化。"

第二章
商业模式：规划企业未来发展版图

阿里巴巴自诞生起，马云就将企业文化放在生产、经营、管理等过程中孕育，使之逐渐形成和发展。而如此形成的企业DNA也映照出其独特性格，它是一种看似无形却实有的精神文化。马云正是看重了它比规章制度更能说服人，比管理者更有管理员工的资历，所以把企业文化提了出来，将之作为做人做事的准则。

阿里巴巴的企业文化之一便是使命感，这被认为是一个企业发展的驱动力所在。阿里巴巴的第一个目标是做102年的公司；第二个目标是做世界十大网站之一；第三个则是只要是商人，一定要用阿里巴巴。2003年，阿里巴巴在B2B领域已经有所发展。关于下一步怎么走的问题，马云说他当时也很迷茫。当站在"第一"的位置上时，往往会不知道应该往哪个方向走，因为排在后面的可以跟着你走，而"第一"却永远没有参照对象。而这次，正是凭借着一种使命感，凭着阿里巴巴要"让天下没有难做的生意"这个使命，马云找到了突破口，重新走上了成功之路。"我们做任何事情都是围绕这个目标，任何违背这个使命感的事情我们都不做。"阿里巴巴每推出一个产品，首先要考虑的是这个产品是否有利于客户做生意，他们推出"支付宝"也正是出于这个原因。

阿里巴巴的另一个企业文化便是价值观，它被形象地比喻为企业生存的"六脉神剑"。其价值体系为"客户第一：客户是衣食父母；团队合作：共享共担，平凡人做非凡事；拥抱变化：迎接变化，勇于创新；诚信：诚实正直，言行坦荡；激情：乐观向上，永不放弃；敬业：专业执著，精益求精"，而这些对于一个企业长期的经营与发展有着重要作用。在下一个10年内，企业文化将成为决定企业兴衰的关键因素，马云对此深信不疑。

导师箴言

"这个世界上,但凡成功的企业,必然有一个属于自己独特的企业文化。并且这种文化能够达到真正的落实,渗透于企业经营的每一个脉络!永远记住:企业文化是一种促使企业向前发展的核心精神,而非贴在墙壁上的口号,企业文化不仅仅是一种形式,它关系到企业能否实现长远发展,因此,企业文化是每一个企业家应该高度重视的重要问题。"

——NLP卓越商业导师 苏学锋

4

顺势而为：善于把握时空角的变化

❋ 问题困惑

时空角的变化是很快的，这也就证明：商机是稍纵即逝的，如果等每个人都认同的话就太晚了，这也就是为什么成功的人都是少数，因为大多数人都不懂把握时机。身为老板的你，知道该怎么做了吗？

NLP总裁智慧系统解码

如今的我们，生活在一个充满瞬息万变和波诡云谲的世界里，要想选择正确的道路，就得具有能够穿透层层迷雾的洞察力。历史上每次宏观调控或整体经济环境出现波动时，成功人士往往能做到"春江水暖鸭先知"，因为他们洞察力强，往往能对宏观形势做出准确判断，从而做到顺应时势。

在NLP总裁智慧系统中，曾提到：时空角包含着时间、空间以及角度！充分掌握它们的变化，就能够找到机遇成就自己！就像互联网时代，成就了阿里巴巴、腾讯、百度；移动互联网时代，成就了UC、小米、微商……

每一次社会变革，都意味着对人洞察力的检验，高瞻远瞩的人才能先知先觉，充分利用时空角的变化，从一个成功迈向另一个成功。因此，想要获得成功，就必须学会洞察时势的变化，并根据变化调整自己的行动！

经典故事

鲁冠球当年担任公社农机修配厂负责人，他的作坊生产的是犁刀、铁耙、万向节、石蜡、铸钢；10年之后，鲁冠球集中力量生产汽车万向节；1983年，他承包了万向节厂；1988年，他以1500万元向宁围镇政府买断万向节厂股权，组建了私营企业；1993年，"万向钱潮"股票在深圳上市。

2000年至2001年间，鲁冠球凭借自己敏锐的眼光和果断的行动，一口气吃下了3家上市公司，在中国证券市场悄然构筑了一个"万向系"；1997年，万向集团成为向通用公司供货的第一家中国内地企业；2001年8月，鲁冠球又收购了美国纳斯达克上市公司UAI，开创了中国乡镇企业收购海外上市公司的先河。

一个农民出身的男人用了20多年时间，成就了自己的大事业，这是一件多么不可思议的事！但是鲁冠球以他的实际行动证明了自己！其实，能够使一个农机修配厂变成大企业集团，这其中关键性的因素就是：善识时务，顺应历史潮流和准确把握机遇的能力。

第二章
商业模式：规划企业未来发展版图

> **导师箴言**

"现在有很多的成功者，并不是自身的能力有多高，而是他们会洞察时势变化，研究其发展规律，并且能够准确地把握目标和发展方向，从而引领潮流并抢先占据有利地位，使自己立于不败之地。这就是他们对于时空角的把握！我们如果善用这种能力，也能使自己飞得更高！"

——NLP卓越商业导师 苏学锋

5
借大平台之势，实现快速飞跃

✺ 问题困惑

如何在势力单薄的时候，让自己公司的产品快速走进消费者的视野？实现全面覆盖的目的？其实很简单，老板不需要大费周章地去自己辛苦拓展渠道，只需要找到一个合适的大平台，与它谈合作就能够轻松搞定，何乐而不为呢？

♞ NLP总裁智慧系统解码

在NLP总裁智慧系统中，曾提到过快速成功的三大捷径：借力、借势、借平台。只要充分利用好这三点，即便你是一家并不起眼的小企业，也能够成为"站在风口飞上蓝天的猪"！商界中，小米CEO雷军借了移动互联网的力，于是小米瞬间风靡全国；在演艺圈，吴京借了建军节的势，于是《战狼2》火爆全国。

避开前两点不谈，这次主要说一下在商业模式中，借助大平台的价值与意义。人人都知道平台的重要性，很多老板都想打造

第二章
商业模式：规划企业未来发展版图

一个优秀的平台，但是这对于普通的公司而言不仅投入巨大，而且存活率很低，稍有不慎就会全盘皆输，此类例子在互联网行业数不胜数，于是"借平台"发展就成了流行风潮。

如今的时代，成熟的大平台有很多，互联网三巨头BAT，很多人都想借助它们上位，但是很多老板只懂得靠一些没有营养的新闻来蹭热度，却没有实现实质性的效果。真正想要借助它们平台的势力，就一定要亲自与它们谈合作。记住：一个优秀的大平台，不仅能够瞬间让你走进消费者的视野，帮助你精准拓客，更大的一个好处就是提升你企业的品牌形象、提升你在消费者眼中的档次与级别！

♟ 经典故事

当初，滴滴打车借助腾讯旗下的微信平台，一跃而起收揽了大批用户，于是在与快滴和优步的竞争中，巧妙取胜。继滴滴打车之后，共享单车的头牌"摩拜"也选择和微信平台联手，也创下了属于自己的神话传奇。

据国内权威APP数据调研公司QuestMobile发布的数据报告显示，仅仅在2017年6月5日至11日—7月17日至23日这相隔一个月的时间段里，摩拜单车周活跃用户量同比增长16%！使用摩拜单车的人数从2267万激增到2625万。这一连串的数字，让业界感到十分震撼！在数据统计结束之后，摩拜单车周活跃用户量领先竞争对手ofo小黄车25%，成为行业之首。

2017年2月，摩拜单车首次和腾讯旗下的微信平台牵手合作，当时摩拜单车的创始人胡玮炜提出的"智慧出行"，恰巧与微信一直所提倡的智慧生活理念不谋而合，摩拜单车和微信通过科技创新、紧密合作，一起推动智慧生活的普及和智慧行业的升级。这次合作中，使用摩拜单车的用户，通过微信"扫一扫"就能够直接进入摩拜单车的微信小程序，很方便地扫码开锁进行使用。

由于微信已经成为中国近9亿人口的使用习惯，这一次的合作，给摩拜带来巨大的注册用户和使用流量！进入到4月，摩拜单车与微信联合宣布升级战略合作，摩拜单车入驻微信钱包"九宫格"，深度触及微信的9亿用户群体，结果实现了月活跃用户量200%的增长！

为了将所有的竞争对手碾压在身后，摩拜单车不断地创新使用玩法。例如：红包单车以及集贴纸，还有更多的节日营销手段。

摩拜单车深知：在如今的时代，谁获取终端用户越多，谁就能取胜的商业之道！于是不断发力，现今摩拜再次宣布和微信联手，通过微信小程序开展150城新用户免押金活动，发放福利。想要使用摩拜单车的新用户，可以通过微信小程序注册摩拜单车账户，即可参加"免押金试骑"，每周享受5次免押金骑行。注册完成后，新用户既可以通过摩拜单车APP用车，也可以直接打开微信，通过"扫一扫"功能扫码解锁，体验方便快捷的共享出行服务。

借助微信这个强大的流量入口，摩拜单车的新用户始终在不断地增加！据了解，在不到一年的时间内，摩拜单车就已迅速地拓展至国内外36大城市。目前，摩拜单车全国运营一百多万辆单车，用户达数千万量级，累计骑行超过5亿次。这充分证明：借助一个大平台而产生的威力，确实不容小觑！

导师箴言

"商场如战场，稍有不慎满盘皆输！在移动互联网的步步紧逼下，与其自造平台奋起抗争，倒不如融入其中，借势而为，这

第二章
商业模式：规划企业未来发展版图

才是中小企业家的成功之道。微信、百度、阿里巴巴之类的平台背后，有极其专业的团队运营。将专业的事交给专业的人去做，自己做好其他事情，企业会更成功。"

——NLP卓越商业导师　苏学锋

6
互联网+的时代，不能只走传统模式

❋ 问题困惑

为什么传统企业越来越难做了？如何才能在这个变化万千的时代里，找到属于自己的位置？如何让自己不被时代打败、被同行碾压？作为企业老板，你知道如何从传统模式破框而出，朝互联网+转型吗？

♞ NLP总裁智慧系统解码

不管人们喜欢与否，互联网的出现大大改变了人们的生活，未来企业不会只关注规模、标准化和实力，而是强调灵活性、个性化及用户友好程度，这证明传统企业如果不想被时代的潮流淹没，就一定要和互联网相结合，只有这样，才能更好地生存和发展。

对于互联网，传统产业真的是又恨又怕又爱：怕互联网摧毁他们传统的产业链，爱互联网强大的效率性和精准性。多少传统企业在谋求创新，讲互联网化，讲效率、精准和数据，就是为了

第二章
商业模式：规划企业未来发展版图

能够站在这个互联网+的时代风口上，站稳脚跟之后创造一个商业的奇迹！

我们不得不承认：如今的时代，还没有走上互联网+的企业，不是被大多数的新兴企业甩在身后，就是十分艰难地在夹缝中生存。在NLP总裁智慧系统中，曾提到底层设计所包含的概念理论。而如今的互联网+，就是底层设计中的一环。很多老板把互联网+当成了一种工具，其实不然，它是一种思维模式，只有把握好它，才能在浪沙淘尽过后，仍能独树一帜地生存、发展！

随着中国互联网网民人数的增加，如今渗透率已经接近50%，尤其是移动互联网的兴起，使得互联网在其他的产业当中能够产生越来越大的影响力，只要充分利用互联网这股东风，就一定能够把自己的企业做强做大。

♟ 经典故事

商超是水果营销的一种传统模式，而褚时健没有选择这种模式，反而是选择了网销。2006年，新平金泰就曾考虑与沃尔玛、家乐福等大型超市合作销售褚橙，但由于价格、账期等因素，最终合作并不成功。后来，褚橙的销售直接放弃了商超，而只选择批发市场和经销商渠道。

2012年，褚时健首次和本来生活网合作。本来生活网市场总监说："我们的买手奔赴各地搜集产品信息，褚橙就是西南片区的买手报上来的'选题'，当时公司就进行了内部探讨是否引进，6月份专门派人奔赴云南实地考察并与褚老深入沟通。在这之前，出于对品牌的保护和担心零售价格的失控，褚老几乎都是通过自建渠道销售褚橙。或许是我们的专业性让褚老打消了疑虑，最终褚老放弃了进驻北

京超市等渠道的想法，选择了我们作为北京独家经销商。"5天里，20吨橙子一售而空。后来本来生活网又到货20吨，第二天就卖出了7吨多。

"最初只想试销20吨，但一个月，我们销售了200吨。"褚时健借助电子商务，创新传统流通模式，大大节省了流通费用，让褚橙火遍了大江南北，尤其在企业家群体中广受好评。褚橙在人们心中代表的不仅仅是一种好吃的橙子，更是一种百折不挠的精神。"品褚橙，任平生"成为贴在褚橙上的励志标签，褚橙也随之成为了"励志橙"。

导师箴言

"互联网出现之后，很多行业和它一旦结合，就会发现自己的业绩在不断倍增，品牌知名度也在不断扩大！互联网就是这样一个化腐朽为神奇的东西。因此中小企业家，一定要学会从自己传统经营模式中走出来，想办法和互联网结合，如此你会发现有太多太多的机会。把握住这个时空角，你想不盈利都难！"

——NLP卓越商业导师 苏学锋

7
培训员工，人才成长促企业快速发展

❉ 问题困惑

每个上进的员工在职业生涯中，都会需要不断地进步与成长，老板在满足他们这种需求的同时，也是为自己的企业增加能力和动力，身为老板的你，知道该如何去做了吗？

♟ NLP总裁智慧系统解码

十年树木，百年树人，这是我国培育人才的格言。用才而不育才，人才自然会枯竭，因此，领导者要结合人才的工作和潜能，给机会、委重任、压担子、寻导师，创造良好的环境，积极引导，全力支持和培养使其成才和提高。

人力资源是企业商业模式框架中的根基！因此，一个成功的老板，不但要用好人才，更要学会培养人才。人才为什么为你工作？除了实现"钱途"和"前途"，他们还希望自己能够学到有用的东西，获得更好的成长。当今社会知识更新和发展的速度非常快，如果员工不接受培训，一段时间之后，他们的知识将会慢慢落伍，不能适应社会的需要。

作为老板要知道，如果不对员工进行定期的培训，那么员工可能就成长缓慢，他们价值甚至会呈现逐渐贬值的状态，这个时候，自己将不得不聘用新的人才，支付更高的人力资源成本，这将会是一个恶性循环，非常不利于组织的可持续发展。

经典故事

TNT是全球领先的快递服务供应商，它的经营特点是：把员工成长放在了首位，这正是秉承了"员工People——服务Service——增长Growth——利润Profit"（PSGP）的经营理念。随着整体服务质量的提高，公司拥有了更快的增长和更大的利润，此时公司又会把利润拿出来反哺投资在员工身上，从而形成一个良性的循环。

基于这样一个以员工为出发点的经营理念，"投资于人"成为了TNT重要的一个人才战略，同时也成为了整个快递行业乃至其他行业企业在培训工作中眺望的标杆。

TNT的负责人说："致力于提供'最佳客户体验'，这需要我们每一位员工的支持，因此公司不断投资于员工，以期达到我们所制定的目标。该理念覆盖的范围很广，除了资金上的投入，最重要的是让员工了解公司发展方向，并与公司一起成长。"

"公司的持续发展与下属的发展息息相关，实现双方共同的发展是我们所追求的。在TNT，认为公司有助于其个人职业生涯的发展的员工会更珍惜公司为其创造的机会，主动完善自身的技能，对工作充满热情。这样的员工能为客户提供卓越的客户体验，实现TNT为客户提供卓越客户体验的意愿。"

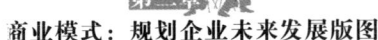

第二章 商业模式：规划企业未来发展版图

TNT给员工培训，主要是为了提升员工的通用能力与职能能力。前者是从公司战略出发，通过定制一系列的培训发展项目，保证所有层级的员工（一线员工、基层主管、经理人员、高管人员）的学习培训需求都能够得到满足，从而帮助员工在TNT获得更长远的发展。

后者是针对员工的职能来提供专门的培训项目。目前员工对于TNT提供的培训满意度在90%以上。TNT员工的人均年培训课时超过市场平均水平。同时，员工在敬业度调查中关于学习与发展培训方面的反馈在近两年内上涨了近10%。

导师箴言

"那些追求长远发展的老板，一般会十分重视对员工的培训，他们知道：只有培训才能让人力资本的价值得到不断的提升。这些老板会尽可能地满足员工个人成长的需要，让他们不断学习新的知识和技能，从而把最优秀的员工永远留在自己身边，不断提高整个组织的工作绩效。"

——NLP卓越商业导师 苏学锋

8
抱团成长的时代，决不能单枪匹马

❋ 问题困惑

为什么看起来弱不禁风、毫不起眼的小企业在遇到问题的时候，总是能迎刃而解？而你的企业有一点风吹草动，总是"伤筋动骨"？小企业的背后到底有什么在支持它的发展？你有思考过吗？

♟ NLP总裁智慧系统解码

现在这个时代，信息和资源都是共享的，讯息在网络上快速传播，共享单车、共享汽车等服务的出现，证明着人们处在一个分享的时代，分享其实就是信任与互助，那些成功的企业家都在这种互助的氛围中，携手共进，实现"抱团"成长。

克雷洛夫说过："一燕不能成春。"一个人无论多么优秀，如果离开别人的配合，就无法把自己的事情做好，也无法在未来的社会中立足。因为单个的人是软弱无力的，只有同别人在一

第二章 商业模式：规划企业未来发展版图

起，我们才能更快地成长，更稳固地发展。我们的社会是由各怀特长的人共同组成的，每个人都有自己的优点和长处，都是无可取代的，学会"抱团"，相互合作，取长补短，往往可以使复杂的问题简单化，可以使平凡的人干出不平凡的事，最后在共赢中获得成功。

正是懂得这一点，很多企业家才会开各式各样的圆桌会议、研讨会、甚至是私下的聚会，他们之间形成的一种圈子，不是为了打发业余时间，享受企业家聚会的欢乐，而是要在这个圈子中获得更多的资源，从而帮助自己更好地在业界立足，帮助企业实现更好更快的发展！这才是企业家最真实的目的！因为单个的人是软弱无力的，只有同别人在一起，我们才能更快地成长，更稳固地发展。

经典故事

在古希腊时期的塞浦路斯，有一座城堡里曾经关着一群小矮人，传说他们是因为受到了可怕咒语的诅咒而被关到了这个与世隔绝的地方。他们找不到任何人可以求助，没有粮食，没有水，七个小矮人越来越绝望。

小矮人们没有想到，这是神灵对他们的考验，关于团结、智慧、知识、合作的考验。

小矮人中，阿基米德是第一个收到守护神雅典娜托梦的。雅典娜告诉他，在这个城堡里，除了他们呆的那间阴湿的储藏室以外，其他的25个房间里，有1个房间里有一些蜂蜜和水，够他们维持一段时间；而在另外的24个房间里有石头，其中有240块玫瑰的灵石，收集到这240块灵石，并把它们排成一个圈的形状，可怕的咒语就会解

除,他们就能逃离厄运,重归自己的家园。

第二天,阿基米德迫不及待地把这个梦告诉了其他的六个伙伴,其中四个人都不愿意相信,只有爱丽丝和苏格拉底愿意和他一起努力。

开始的几天里,爱丽丝想先去找些木柴生火,这样既能取暖又能让房间里有些光线;得把240块灵石找齐,好快点让咒语解除;三个人无法统一意见,于是决定各找各的,但几天下来,三个人都没有成果,倒是累得精疲力尽,更让其他四个人在一旁嘲笑。

三个人没有放弃,失败让他们意识到应该团结起来。他们决定:先找火种,再找吃的,最后大家一起找灵石。这是个有效的方法,三个人很快在左边第二个房间里找到了大量的蜂蜜和水,他们每天喝这些蜂蜜和水来维持体力,然后找灵石。

因为他们的齐心协力,没过多久,就把240块灵石收集全了。他们把收集好的灵石摆成一个圈,终于顺利回到了自己的家园。而其他的四个小矮人则被饿死在那个城堡里。

导师箴言

"在这个'抱团'成长的时代里,单枪匹马的企业是最快被淘汰的!没有同等量级或是更高级的企业在你的周身帮你'撑腰',遇到问题的时候,最容易被击垮!而那些懂得'抱团'的企业,将会利用圈子内的各种资源,进行整合,帮助自己的企业在最快的时间内在行业中站稳脚跟,并快速成长。"

——NLP卓越商业导师 苏学锋

9

学会耐心"扎根",先求生存再谈发展

❋ 问题困惑

急功近利,是企业老板常犯的错误。这样的错误,有时候十分致命!在发展之初,很多企业也许都能够尝到甜头,但是正因如此,才更需要"保驾护航",不要太过野心勃勃,只有先扎好了根,才能在日后发展壮大。身为老板的你,知道该怎么做了吗?

♞ NLP总裁智慧系统解码

刚开始起步的小公司,不要总想着做很多的投资,不要总想着让自己的公司做大,一定要先解决了公司的生存问题,而解决生存问题的最好手段,就是先把公司做好,让它牢牢地扎根于土壤之后,再去发展壮大。

在这个大鱼吃小鱼,小鱼吃虾米的商业社会中,小公司要生存下来就首先要做好,好到不被"小鱼"或者"大鱼"吃掉,小企业只有让自己的生存不是问题了,才有资格去寻求更大的发展,也才有能力和资本把企业做大。

马云也曾说:"每个成长型企业都会碰到成长中的痛苦,几乎所有以销售为导向的企业都会遇到先求生存、后求发展的问题。一旦生存好了之后就忘记了自己是为了生存,初创企业都希望迅速做大做强,但生存下来的第一个想法应该是做好,而不是做大,这是我们这么多年走下来的经验。"

做好了一个企业、一个产品,解决了生存的问题,再做其他的投资也好,追求多元化的发展也好,都没有了后顾之忧,这样就可以放开胆子去做,注意力也就相对地集中了,成功的概率也自然要高很多。

经典故事

有一位黄女士,出生在云南楚雄,她曾经在北京学过油画,当时一心想朝着自己的特长和爱好去发展,后来和男朋友一起回到了家乡,专心画油画,一次机缘巧合之下,她认识了当地一个养蜂人,并发现他家里有大量的蜂蜡。那一刻,她突发奇想:要是能够把这些蜂蜡做成蜡烛的话那该有多好啊!想到就做,等做好之后,她把自己手制、手雕的蜡烛拿到集市上去卖,没想到一次就卖了200元。就这样,黄女士的蜂业公司成立了。

令黄女士没有想到的是,她创办的这个小公司的生意好得出乎预料,仅仅一年的时间,销售额就达到了8万元。她的蜡烛在大城市里尤其受到欢迎,来自北京的订单很多,公司规模也在不断扩大。尽管订单很多,但黄女士也遇到了三个比较大的麻烦,首先是运输成本高得出奇;其次就是她的产品只能是劳动密集型产品,而很难走上技术密集型的道路,因为她雇的40多个人,都是当地的农村妇女,她们虽

第二章 商业模式：规划企业未来发展版图

然有一双勤劳的手，但都不懂先进技术。最后，随着公司业务的不断扩大，她的公司也需要高级的管理人才，而在这样的偏远山区，好的人才都不愿意来。

目前，蜂业公司每年的销售额已经达到300万，但黄女士心里清楚，这已经是她生产的极限了。这个时候，黄女士觉得自己必须搬到大城市。在联系公司搬迁事宜时，北京房山方面给了她很大的优惠政策，她很快作出了"搬迁"的决定。北京的劳动力素质更高，但比云南贵，黄女士必须让生产自动化。她坐下来对生产线进行评估，决定将生产集中在蜂蜜护肤产品上，这意味着她的公司不得不改弦更张。这下，黄女士陷入了苦恼之中，失去了方向。

导师箴言

"故事中的黄女士之所以最后迷失了方向，就是因为她太急于求发展。对于她这个刚起步的小公司而言，还没站位脚跟，根本没有掌握市场变化的能力，也没有一定的资金基础。所以，中小型企业老板有野心虽好，但是一定要结合实际。只有先让企业保证生存，之后再议未来发展。"

——NLP卓越商业导师 苏学锋

10
想在商战中胜出，学习竞争对手必不可少

问题困惑

帮助你成长的是你的敌人，你想不到的东西，你的敌人会帮你想到，这是被很多经营管理者奉为经典的一句话，事实上它确实就是如此。看到这里，你知道该怎么做了吗？

NLP总裁智慧系统解码

所谓"活到老，学到老"。学习，是我们每个人都要面对的终身课题。懂得学习的人，可以更快更好地成长。在日常生活中，除了父母、学校、社会所施予我们的身教、言教及境教以外，其实真正的学习还是要靠自己。如果自己不争气、不用心学习，那么，就算聘请再高明的老师、专家来指导，也是没有用的。

尤其是那些在商海中摸爬滚打的老板，不学习就势必落后，严重的时候，直接就被淘汰出局！因此，老板一定要用学习充实自己的头脑。学习分为很多种，但有一种学习，是老板必须去做

的，那就是：向竞争对手去学习。竞争对手好在哪里，为什么有那么多人追捧？分析原因后，老板可以"模仿卓越、复制成功"；竞争对手不好在哪里，为什么最后倒闭了？分析原因后，老板可以竭力去避免这样的事情发生。

俗话说得好："知己知彼，百战不殆"。我们向竞争对手学习，既可以让我们提升自己，又可以近一步掌握竞争对手的状况，并根据竞争对手的状况，研究出新对策，一举超越。想要在商海中无往而不胜，学习竞争对手是必不可少的一环！

经典故事

在金山时期，微软是一个强大的对手，雷军为了能跟上微软发展的脚步，十几年来一直在向微软学习，包括组织模式和研发模式，争取在这其中找到一些突破点，赶超微软，却没想到在这样的学习过程中，反而迷失了方向。微软把金山领错了路，导致金山的产品没完没了的升级，公司组织越来越大、越来越臃肿，客户体验越来越差。后来，雷军意识到这些弊端之后，才决定放弃学习微软，寻找一个新的出路。

后来，雷军离开金山之后，做天使投资人时，对手机产生了浓厚的兴趣，那个时候他和魅族的CEO黄章成了朋友，他经常在微博上夸赞黄章、夸赞魅族，并认为世界上只有两家互联网手机公司：一个是苹果，另一个就是魅族。后来，雷军想要投资魅族，来完成自己的互联网手机之梦，但出于一些原因，合作未达成，于是雷军下定决心要自己做。在创立小米品牌的过程中，雷军曾很用心地向竞争对手魅族学习过，无论是品牌文化还是营销策略。在没有小米之前，魅族是最早用互联网思想做手机的品牌，所以，雷军确实是在魅族那里学到很多有用的东西，并且经过自己的加工和改造，创造了小米。

有一天，雷军在微博上写道：小米正因为是小公司，学习能力不能不强，进步速度不能不快，否则早就挂了。过去短短几年，小米在各方面进步飞速！没有人可以否认：因为小米，手机行业正在发生巨变，国产手机越来越好，售价也越来越实惠。多一点点包容，小米就能成功逆袭，就能回馈大家更好更实惠的产品。

导师箴言

"雷军一直有一个十分端正的学习态度，他对所有好的东西都很感兴趣，并且想学会，为自己所用。就像他跟同仁堂学做产品，跟海底捞学做服务一样。这种学习方式不分'师傅'到底是谁，哪怕是对手，他都显得很虚心，这也就是为什么他做小米成功的原因。"

——NLP卓越商业导师　苏学锋

11
圈道模式，打造消费圈

❀ 问题困惑

很多老板总会觉得自己的周围没有客户，其实只要细心发掘，就能够发现：周围的熟人都是自己的客户，只不过你没有充分利用起来罢了。那么，到底该如何利用熟人生意赚取更多的利润？做熟人生意有哪几点值得借鉴的呢？

♟ NLP总裁智慧系统解码

在NLP总裁智慧系统中，曾提到过一种极为有效的、爆炸式营销的模式：圈道模式。简单点说，**就是利用周遭的人脉圈子来进行产品销售**。每一个人的背后都有250个人的潜在资源，通过这种理论，成交量可以达到核聚变的发展速度！

所谓的圈道模式，和社群营销有着异曲同工之妙，二者均是通过熟人圈子入手，形成稳定的兴趣全体，最终通过这些群体的传播，实现品牌发酵和产品销售的过程。这种模式有两个最直观的好处就是：关系熟络以及需求明了。熟人生意之所以能做成，还能赚到不错的利润，双方的关系和信任是前提，换个角度来看，熟人的生意正好符合了销售工作的三步原则：建立关系，发现需求，进行销售。

第一个方面：建立关系。这是无需质疑的，熟人不但有关系，而且这关系还挺熟络的，关键是解决了互相了解及信任的问题；第二个方面，发现需求。这方面熟人的优势太过明显，之所以"熟"，就是对其了解程度较深，这包括相关商品的使用历史、使用背景、消费习惯、消费能力等因素。所以，在具体的产品推荐和价格把握方面，自然能较为精准地把控到位，尤其是对于一些买东西以贵为好的、强调牌子面子的、当前急需的熟人，适当地割上一刀也就是顺手的事了。最后进行销售的过程，只是前期有效铺垫和过程作用的自然结果而已。

经典故事

来到大城市打工的舒程，最初只是摆地摊卖一些有趣的装饰品，后来在移动互联网的风潮下，她通过网络接触到了微商这个行业，一种跃跃欲试的冲动，让她成了一家化妆品的品牌代理，最初的时候，由于不太精通网络，而且她认为朋友圈的好友有限，所以她也只是随便发发朋友圈，然后把进来的货物放到地摊上去卖。

坚持了一段日子之后，发现每天的工作不仅辛苦，而且来来往往的人群中，购买她产品的人屈指可数。后来在总代理的指导和培训下，她开始重新以朋友圈为主轴，进行产品的宣传和售卖。通过一些公司制作的图片和精心设计的文案，来吸引她朋友圈的好友。

除此之外，她在亲戚、朋友中开启了推荐购买模式，凡是推荐别

第二章 商业模式：规划企业未来发展版图

人购买她产品的朋友，每成交一单，就按10%来付给对方推荐费。这样的模式，让她很快成交了几十单，并且朋友的朋友圈再帮忙自己销售，更是扩大了受众范围，一个月内，三四十元的小饰品就让她赚了一万多块钱。

导师箴言

"在刚开始做生意的时候，身边的人一定是你最早的客户，要知道：每一个人的背后都有250个人可以变成你的资源，智慧的老板一定要充分利用这种资源，运用好圈道模式进行层层拓展，这也是让你永远不缺客户的方法和策略！"

——NLP卓越商业导师 苏学锋

导师语录

★老板给员工定位什么，将吸引什么定位的员工来到自己身边。

★产品的定位决定了产品的品质，也决定了公司的实力。只有拥有准确的定位，才能找到精准的市场。

★你想要获得成功，有两种方法，第一种是自己摸索出一套独特的商业模式，第二种是去模仿，并复制成功人士实践有效的商业模式。当然，很多时候，大家都选择了第二种。

★任何创新都有风险，中小企业家更适合的发展模式为：先赚钱，后创新。

★真正的商业在达到一定高度的时候，你会发现：合作大于竞争！并且基于"时空角"内的异业联盟，会实现更大的合作共赢。

★中小企业想寻发展，一定要先建立市场，再建立工厂。有市场就代表有客户，有客户就代表有钱赚，有钱赚才能支持你去建工厂，反之却不见得能达到你想要的效果。

★一个老板的胸怀与格局，就体现在他的心里装了多少人，他能够为多少人去负责。

★任何商业模式都要随着时空角的变化不断调整，这样才能持久不衰。

★最快的商业法则：速度法则！只有比别人更快一步，才能够抢占先机，占据优势。

★无论从事什么行业，都要学会开发客户，要记住：所有的客户都在别人的手里。

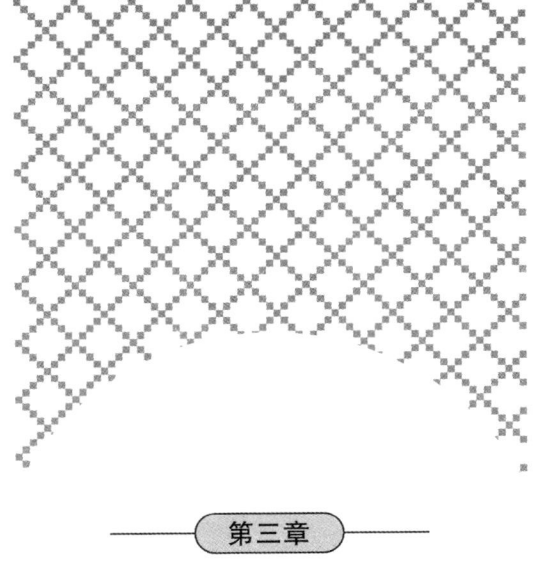

第三章

产品策略：
打响进军市场第一枪

任何产品都是以产品本身为消费者提供服务的。如今的时代，一切营销的手段及方法，都只是提供了一个让产品到达消费者手中的渠道，而产品本身，才是消费者最初的希望，只有把握好产品的格局，才能壮大企业的格局。产品是一家企业的开端，拥有一个伟大的产品，就是拥有了一个最好的营销。

——NLP卓越商业导师 苏学锋

第三章 产品策略：打响进军市场第一枪

1

起名学问，好名字是成功的一半

问题困惑

你有没有遇到过这样的事，在买一件东西的时候，看它的名字完全没有理解其中的意思，有一种云里雾里的感觉，觉得商家做的真失败。身份置换后，再看自己生产的产品，有没有也犯了同样的错误呢？

NLP总裁智慧系统解码

人需要一个好名字，产品同样需要一个名字，一家公司在打造一款产品的时候，一定不能忽略给产品起名这件大事。国内一位著名品牌策划专家表示："取一个好的产品名，这个产品就等于成功了一半。"现在是一个注意力经济的时代，注意力是市场竞争的稀缺资源，注意力本身就是财富，谁吸引到的目光最多，谁就能在市场中获胜。

好名字对于一个品牌来讲至关重要，一个好名字不仅能够易于记忆和传播，还可以增加消费者对品牌的好感，能为品牌节省传播宣传成本。因此，智慧的老板在给产品起名时，一定要做到易记并朗朗上口，创意独特，才能够强烈吸引你的客户。产品起名应该是为企业量身定制的，它是企业文化和格调的展现。

经典故事

提起"可口可乐"这四个字，中国人肯定不会陌生。这个外国品牌在中国如此畅销，这和它在中国选用的品牌名称有着很大的关系。直到现在，"可口可乐"都被消费者认为这是中国翻译得最好的品牌名，因为它不仅保持了英文的音译，还充分包含了中文"吉祥快乐"的寓意。这四个字生动地暗示出了产品给消费者带来的感受——好喝、清爽、快乐——可口亦可乐，让消费者胃口大开，"挡不住的感觉"油然而生。也正因如此，可乐逐渐成为品类的代名词和行业标准。

有史以来，全球最流行的三个词是上帝、她和可口可乐。在上世纪20年代可口可乐公司初入中国的时候，Coca-Cola被直接翻译成了蝌蚪啃蜡，中国的消费者在看过这个奇怪的名字之后，脑袋里想象出来的竟是带着一股中药味的黑糊糊的冒泡汽水，而且这样的汽水似乎跟蝌蚪有什么"不解之缘"，于是谁都不愿意去尝试，做那个"第一个吃蝌蚪的人"。

看着中国市场打不开，这下可把可口可乐高层急坏了，于是在开完几次大会后，就立刻指派负责海外业务的出口公司，公开登报悬赏350英镑征求中文译名，并且通过市场调查问卷样本收集。当时，一位身在英国的上海教授蒋彝看到这则消息后，脑袋中灵感一现，以"可口可乐"四个字击败其他对手，拿走了奖金。

正是这个好名字，让可口可乐在中国名气大增，这么多年长盛

第三章 产品策略：打响进军市场第一枪

不衰。在消费者眼中，可口可乐不仅让人喝了舒畅，光是听到这个名字就连心情也会变得很好。由此可见，一个好名字对品牌的塑造力有多大！

导师箴言

"给产品取一个好名字，等于可以降低传播成本，传播成本既包括降低认知成本，就是一眼要看懂；也包括降低扩散成本，就是看一眼就记住，而且乐于介绍给别人。这样一来，产品在市场的扩散率和传播率就会大幅度增加！省了宣传费用，还能够达到促进销售的成果，何乐而不为呢？"

——NLP卓越商业导师 苏学锋

2

饥饿营销，只要会玩就会赚

❋ 问题困惑

提到饥饿营销，你最能够想到什么？当然是当年在手机领域叱咤风云的"小米手机"。雷军算是把"饥饿营销"玩到了极致，当然消费者也很买账，那么什么是饥饿营销呢？我们要如何利用它，实现自己想要的结果？

♟ NLP总裁智慧系统解码

如果在你面前摆着一样东西，恰巧你又十分喜欢它，你是希望它越多越好？还是越少越好？想必我们每个人的答案都是：越多越好。人性是贪婪的，对于喜爱的东西，我们自然会希望得到更多，但是真的得到更多之后呢？我们很快就会失去新鲜感，就像吃一个苹果，再吃一个苹果，再吃一个苹果，再吃……你会不会看到苹果就想把它踩碎？这就是"边际效用递减"理论。所以，有时我们或许并不需要那么多。

第三章
产品策略：打响进军市场第一枪

反过来说，要是我们喜爱一样东西，无论想什么办法都得不到，那么会怎样呢？肯定心里就会特别难受，对吧？**NLP总裁智慧系统**中，曾提及：**有时候，对于太期待的东西，得不到我们会郁郁寡欢、甚至是发狂。这根本的原因是：人的本性心理在作祟**。聪明的商家们，有时就是利用了人们这样的一种心理，才创造了属于他们的辉煌业绩。

这种做法，在商海中被称之为饥饿营销。说白了，它就是通过调节供求两端的量来影响终端的售价，达到加价的目的。表面上，饥饿营销的操作很简单，定个叫好叫座的惊喜价，把潜在消费者吸引过来，然后限制供货量，造成供不应求的热销假象，从而提高售价，赚取更高的利润。但"饥饿营销"的终极作用还不是调节了价格，而是对品牌产生的附加值。

♟ 经典故事

在很久很久以前，有一位好吃的胖国王，他总是到处寻访各地的山珍海味，每一天都把自己吃得饱饱的，所以，他根本就不知道什么叫做饿。可是再好的山珍海味，吃多了也是会变腻的，慢慢地，他就开始越来越没有胃口，看到大臣们送来的那些他已经吃过无数遍的美食，他竟然还有些作呕，因此，他天天过得很郁闷。

为了帮助这位胖国王，有一天，一个以前常侍奉他的御厨，告诉他说："国王，其实这天底下，还有一样您从未尝过的食物，那样食物美味至极，它的名字叫做'饿'，但是它十分稀有，您是无法轻易得到它的，只有付出艰辛的努力，您才能尝到它的味道。"

胖国王一听，十分开心，他当即决定与他的御厨微服出宫，寻此美味。离开皇宫之后，君臣二人跋山涉水找了整整三天，终于累

得走不动了,在一个月黑风高之夜,饥寒交迫的他们来到一处荒郊野岭。

胖国王虚脱地倒在地上,"哎呦哎呦"地叫着,就在此刻,御厨不失时机地把事先藏在树洞之中的一个馒头呈上,他对胖国王说:"国王,功夫不负有心人,我们终于找到了,这就是叫做'饿'的那种食物。"已饿得死去活来的胖国王当即大喜过望,他二话没说,立刻将御厨递给他的又硬又冷的粗面馒头狼吞虎咽下去,吃完之后,他大笑道:"御厨!这真是世界上最美味的事物啦!"

国王的故事告诉我们:饥饿营销的关键点,在于"饥饿"二字,消费者对你的产品需求一定要够迫切,你的产品价值才会体现出来。如果没有吊起消费者足够多的胃口,这种方式不仅不会成功,反而还会"哗众取宠"。

导师箴言

"饥饿营销,并不适于所有的产品,它是有一定要求的。它必须以产品质量为前提,如果'饥饿'只是一个噱头的话,那么即便一开始会产生一些影响力,之后就会大不如前,甚至,消费者对此还会大加反感。如果这么做,到时候反倒是自己得不偿失,因此商家一定要用对地方,谨慎把握!"

——NLP卓越商业导师 苏学锋

3

避免同质化竞争，打造差异化产品

问题困惑

产品卖不出去，是很多老板的心头病，排除一些非主观的市场因素，很多时候，是产品的自身没有足够的特色，于是陷入了同质化的竞争中，身为企业的老板，该如何避免这个问题的发生呢？

NLP总裁智慧系统解码

现如今，产品和品牌过剩，已经不是之前的产品营销时代了，产品同质化已经无可避免，试想光是去头皮屑功能的洗发水有多少个品牌？现在产品层出不穷，其功能独特，销售主张定位越来越难，在这种情况下，掌握消费者的心智资源变得重要起来。

消费者在很多同质化产品选择过程中，他们选择出来的产品必定是他们个人认为（主观认知）较出色的产品，所以他们所购买的可能就是心理层面的附加值或"隐形的出色"产品，由此，营销时代也由原来的产品营销转为品牌营销时代。

对于同质化产品来说，我们首先要摈弃所谓的"只能用价格一个标准来争夺消费者"的狭隘观念，然后采取审慎、严谨的营销措施，从分析市场着手，从深入了解消费者的真实购买动机和行为着手，致力于创立和提供实际有效的价值，从而获取消费者的信任，建立起持久的关系。

唯有如此，才可以进一步地在消费者心中建立起自己的形象，获取长久的竞争优势。只要差异化工作做得好，一粒沙石可以有别于别的沙石，一颗食盐也可以有别于别的食盐。很多时候：一个产品的差异化，就会形成自身的优势！

经典故事

Morton食用食盐从20世纪初期就开始使用同一个代言人，那就是一个被人称作为"Morton食盐女孩"的撑着雨伞的可爱小姑娘，至今这个小姑娘除了衣饰上略有变化之外，整体形象没有任何改变，一直出现在产品的包装上和各种宣传资料上。

1911年，Morton公司在所生产的食盐产品中添加了一种化合物，可以让食盐的潮湿度保持在最低，从而使他们生产的食盐可以一直保证不结块。为了更好地向消费者们宣传这个特点，公司就设计了一个撑着小雨伞的小女孩的形象，手中夹着一包Morton食盐，开着口，食盐撒了一地。最初的广告口号是"就算是在雨天，Morton食盐还是能够自由地流动"。

后来，随着时代的发展，口号最终借助了英语中的一句常用语："When it rains, it pours"。而那个Morton食盐女孩的服装和发型变得更与时俱进了，但始终在那里跳跳蹦蹦，为人所怜爱。

如Morton公司的前市场主管说过的那样："我们的成功其实很

第三章 产品策略：打响进军市场第一枪

简单。我们发现若想成功地推广同质化产品，首先需要发现那些可以真正为消费者提供实在利益的价值点，然后如果你能第一个提供这些利益，同时又能充分地支持这些利益点，那么你就有可能比别人走在前头获得成功。当然，很重要的一点是，要有耐心和毅力，什么事都不是一蹴而就的，走走歇歇，换个方向，最大的可能是又绕回了原点。"

导师箴言

"Morton食盐的成功故事启示我们，对于同质化产品，我们可以借助差异化手段来进行品牌建设，从而获取品牌化所带来的丰厚利润。经营企业，必然要有自己的产品，无论是真实的产品还是虚拟的产品，都应该有属于自己区别于同类竞品的特色。差异化做得越好，价值就越高，消费者都愿意为价值而买单。当然，这前提是：你产品的差异化一定要给消费者带来好处跟利益。"

——NLP卓越商业导师 苏学锋

4

打造唯一性产品，你就是行业标杆

❋ 问题困惑

唯一性，意味着你是否具有独一无二的地位，以及不可撼动的控制力，如果你是唯一的，你就绝对值钱，记住：唯一性就是你的核心竞争力！你该如何打造自己的唯一性产品呢？

♞ NLP总裁智慧系统解码

我们常常讲：创业之路绝不能从"红海"中开启，因为，那样真的是太难了。除非你能用差异化做出区分，就像京东对阵阿里巴巴，至少人家瞄准了阿里巴巴的软肋，立出了一块"只卖正品"的牌子。于是绝地而起，虏获不少人心。但是不是所有人都能在自己的行业领域中，做成下一个"刘强东"的。要想有立足之地，就要先从"蓝海"入手，并且趁行业未成"红海"之前，想尽各种办法，将自己打造成行业的唯一。当你渐渐深入消费者的心里之后，你自然而然就成了行业的标杆。到那时，你想不挣

第三章 产品策略：打响进军市场第一枪

钱都难！

人们在买东西的时候，常常会提到四个字，叫作：货比三家。当消费者看中一件产品的时候，会问卖家价格，卖家说的数字可能不是让他心里很满意，于是他会说：我再看看吧。然后就去别的店铺里寻找同样的产品，再问问其价格……在询问数家店铺之后，他会选择产品质量和价格满意的那一家，最终付款，完成自己的消费。

这样消费者是满意了，但是很多卖家可能就要错失一次销售产品的机会，这就是"选择"多的坏处。当你所售卖的产品，别人也在卖，或者说，还有其他可以替代的产品时，你的产品价值就不高了。但凡有"替代品"的产品，就给了消费者充分选择和讨价还价的余地。在一场交易的博弈中，卖家站的是劣势地位。

因此，想让自己的产品或品牌更具有价值，就必须学会打造唯一性。让消费者只认识你，除了你，别无选择。什么是唯一性呢？就是我们拥有绝对技术含量的壁垒。这种壁垒可以是独立的知识产权、唯一的技术掌握者、唯一的市场准入者或者是唯一的市场竞争者。简单来讲，它代表着自身的绝对优势。

经典故事

滴滴打车，是现在最为流行的叫车方式。承载它的APP滴滴出行，已经成为人们口中的"打车神器"，是最受消费者喜爱的"打车"应用。成为移动互联网东风下的打车平台的扛把子，滴滴打车也经历过诸多的波折。在和快的、优步这样强大竞争对手的对峙下，创始人程维大手笔的赔钱引流，以此抢占了大量的市场份额，最终在对

峙中取胜，成功收购快的和优步，坐稳了行业老大的位置！

　　滴滴和快的成立的时间都是在2012年，两家公司相差没有几个月的时间。作为同一时期兴起的打车软件，他们的竞争不可避免。为了抢占更多的市场份额，2013年，滴滴和快的进入了白热化竞争状态，双方变得势不两立，在地推、补贴以及人员上多有大大小小的交锋。期间，双方的创始人经过一次有关引导良性竞争的谈判，但似乎成效不大。

　　2014年1月起，绵延到5月的补贴大战，双方开始了今天你增加1元补贴，明天我又增加1元的补贴竞争。竞争的背后也有一定的默契。到了5月16日，双方几乎在同一时间宣布停止补贴大战。到了年底时，双方获得新一轮融资，竞争大战更为激烈，双方的投资人有些熬不住了，这样下去，势必两败俱伤！后来在投资人的撮合下，双方进行了一次谈判，最终在2015年2月14日，快的打车与滴滴打车宣布两家实现战略合并。

　　一波刚平，另一波又起！优步中国的到来，让滴滴再次绷紧了神经，中国市场，滴滴和优步爆发了空前激烈的竞争。仅2015年一年，整个专车出行市场就烧掉了200多亿人民币。业内人士也估算，在这场大战中，滴滴已经烧掉了40亿美金，而优步中国的补贴金额也达到20亿美金。

　　滴滴与优步争夺市场，沿用了曾和快的角逐的方式，不仅如此，更是愈演愈烈！大量的电梯广告、微信推送软广和代金券砸开用户市场，迅速让滴滴产品在各级用户中被使用。从滴滴快车开始，滴滴就开始用"橙色星期一""橘色星期一"等一系列免费活动引导用户使用产品。因为免费，一时间，无论是年过六旬的老人还是不到16岁的青少年几乎都学会了使用滴滴叫专车。

产品策略：打响进军市场第一枪

此外，滴滴依靠补贴+硬广的营销模式也十分简单粗暴，目的就是为了吸引大量的乘车用户。只要自己的补贴够高，那么把所有的乘车用户抢过来又何妨？只要这些乘车用户到不了竞争对手那里，就是胜利！相对于外国基因的优步，本土的滴滴也打过一次感情牌。最终，这场博弈大战还是滴滴取胜了。2016年8月1日，滴滴宣布与优步全球达成战略协议，滴滴出行将收购优步中国的品牌、业务、数据等全部资产在中国大陆运营。

导师箴言

"唯一性的产品，将意味着你在某个行业领域占有主导性的地位，不可撼动。这和'物以稀为贵'有着十分相近的含义。滴滴收购快的、优步，并不是为了'求生存'。因为仅是'求生存'大可不必如此，滴滴的目的就是要追求这个唯一性。很荣幸，它做到了！现在的滴滴在移动互联网打车平台中有绝对的话语权。这是几次'厮杀'中取得的成果！"

——NLP卓越商业导师 苏学锋

5
打造独家品牌,提高产品自身影响力

❁ 问题困惑

为什么同样的产品,同样的制作原料,你换上两个不同的产品名称,二者的销量就会变得很悬殊,你有想过这是为什么吗?

❁ NLP总裁智慧系统解码

小米创始人雷军在做天使投资人的时候,曾思考过一个问题:为什么大商场里的衣服,随随便便一件都要上千块钱,真的是它制作布料精良、设计具有美感吗?后来他通过朋友的调查发现,制作一套衣服的费用远远低于卖出的价格,更不可思议的是,卖出的价格有可能是成本价的几十倍、上百倍!但到大商场买衣服的人还是络绎不绝,并以此为荣耀。

其实在这衣服的背后,有一个强大的推手,它叫做品牌。它在人们考虑刷卡买单的过程中,起到了不可忽视的作用。是的,在如今的时代,品牌成了各种标签的代名词。它可能代表高贵、

产品策略：打响进军市场第一枪

也可能代表安全、亦或是舒适。提到这个品牌，人们的潜意识就会跳出这些标签，而这些标签，在促使着人们下最后的决定。

品牌的力量，其实就是无形的价值，它给消费者所带来的好处，只能是消费者心中的评定，而且对于品牌，每个消费者的目的也是不同的，但唯一肯定的是：人们在一定程度上都愿意为品牌买单。所以，作为一个老板，千万别忽视自己产品的品牌效应。

经典故事

1991年，以生产"X86"系列电脑微处理器而闻名的英特尔公司发起了一项计划，要求其关联制造商如IBM、康柏等公司，在其电脑说明书、包装和广告上增加"Intelinside"（内含英特尔）的独特标志。

作为宣传费用的补助，英特尔公司将其销售额的3%～5%返还给这些电脑厂商，为此编排了1亿美元的年度预算。结果，在随后的一年半时间里，"Intelinside"标志的曝光次数高达100亿次，英特尔的品牌知名度从46%上升至80%。仅一年，英特尔的全球营业额就增长了63%，1997年该公司的利润更是高达62亿美元。

1998年3月2日，一本杂志公布了该刊新评选的全美十大最受欢迎的公司，英特尔名列第四。如今，英特尔的品牌"奔腾"几乎成为电脑微处理器的代名词。如果哪个品牌的电脑还未采用英特尔的微处理器，那么它就很难在电脑行业立足。

其实，在当时生产电脑元件的公司有好多家，但英特尔却取得了如此大的成就，这是为什么呢？这无疑是它创新的品牌策略为产品赢得了市场，当然，这多多少少也有其他方面的原因。

导师箴言

"也许,今天你的产品很好,无论是包装上,还是功能上,但只能是用过它的消费者才知道。小范围的口碑,无法为你引进大的流量。只有当你的产品具有一定的品牌效应时,关注它的人就变多了,甚至他们会自动自发成为你产品的口碑传播者。"

——NLP卓越商业导师 苏学锋

6

利用产品互补性，促进销售

❀ 问题困惑

很多时候我们会发现：作为互补产品，当其中一个产品销量需求高时，另外一个产品的需求也会随之变高，正因如此，我们完全可以利用这个特性，促进自己的销售。那么具体而言，我们该如何去做呢？

♟ NLP总裁智慧系统解码

什么是所谓的互补产品呢？其实很简单，就是指两种产品之间存在着某种消费依存关系，即一种产品的消费必须与另一种产品的消费相配套，若只单买一种产品，则可能造成使用困难或是根本无法使用。

举个例子：汽车和汽油，两者就是互补产品，二者缺一不可，没有汽油的汽车，根本无法行驶；没有汽车的汽油，则没有什么意义。因此，智慧的老板，在销售互补产品的过程中，只要

勾起消费者对其中一种产品的好奇心或是兴趣，促成交易，那么另一种产品的销量也会跟着直线上升。

在这个竞争日益激烈的环境中，一个冠军产品的销售，如果能从多角度考虑，从而带动周遭互补品的销售，如此就会令企业的利润大幅度增加。由此可见，互补品联合销售战略能为企业带来独特的竞争优势，为企业的生存立足、发展壮大带来诸多便利。

经典故事

在19世纪末期的时候，在美国一家小旅馆，吉列用老式剃须刀刮破了脸。这已经不是第一次了！他恨死了这种老式剃须刀，他想：美国肯定还有很多人也深受这种老式刮脸刀的痛苦！这时一个想法跳入他的脑海：如果我生产一款安全又舒适的剃须工具，那该多好！这样不仅解决自己的烦恼，还能成为自己的生财之道。

经过几个月的反复设计，吉列设计出了一种T型安全剃须刀，这种剃须刀安全不会刮伤脸，而且很舒适。可是在吉列销售这种剃须刀的前几个月，由于吉列设计的这种剃须刀和平常人们使用的剃须刀有很大的不同，因此人们很排斥这种剃须刀。第一年的时候，吉列只卖出去51把剃须刀和100多片刀片，不但没有盈利，就连原料费也没收回来。

吉列为这种剃须刀搞的快倾家荡产了，如果继续这样下去，吉列只有破产了。吉列想了好久，终于想出了一个办法：他改进了他原先设计的剃须刀，他把这种T型剃须刀设计分为刀片和刀架，他大量地制造这种刀架和刀片。吉列知道成功与否，在此一举了。

有一天吉列派了许多工人在街头免费散发刀架和说明书，同时还有少量的刀片。由于给顾客免费发放物品这在当时的美国还不多见，

第三章
产品策略：打响进军市场第一枪

因此好多美国人都争着来领取新型剃须刀，这些人中大部分是男人，也有为丈夫去领的女人。吉列准备的几千个剃须刀，不到一个小时就全部发完了。

人们在试用的时候，发现吉列设计的这种剃须刀安全舒适，剃须简直就是一种享受。时间长了，好多人发现刀片变钝了，他们体会到了这种安全剃须刀的优越性，就去购买刀片，于是吉列设计的这种T型安全剃须刀很快打开了市场。

美国男人大批量的购买，吉列很快就把免费刀架的钱赚回来了，更重要的是吉列的T型安全剃须刀打开了市场，成为了畅销品。后来吉列生产的剃须刀不仅占据了美国市场，在全世界吉列的剃须刀也很畅销，最终吉列剃须刀成了世界名牌，吉列也成为了美国屈指可数的大富翁。

导师箴言

"当你在销售产品的过程中遇到阻碍的时候，不妨试着利用产品互补性来促进自己的销售，有时候消费者只想买个牙膏，你却能赠一个牙刷，他一定很高兴地愿意掏钱买单，但实际上你卖牙膏的钱已经包含牙刷的钱了，只不过消费者在心理上会认为自己占了便宜，得到了赠品。"

——NLP卓越商业导师 苏学锋

7

独家定制，尊重消费者的个性选择

❀ 问题困惑

每个人的个性不同，需求不同，消费方式也不同，企业只有尊重并根据消费者的个性而设计制造产品，设计销售策略，如此才能有效打动消费者的心，在激烈的竞争市场中打出一片天地。

♞ NLP总裁智慧系统解码

随着经济的快速发展，以及国家整体经济体制的深度改革，人们的消费水平在不断地提升，与此同时消费需求也在不断地发生着变化。为积极应对市场变化，提高市场快速反应能力，创新营销思维，满足消费者对产品的多元化个性需求，已然成了企业发展过程中不可忽视的一环。

提起"私人定制"这个词语，老板们显然已经并不陌生，如今在各个行业领域中，都流行着一种满足于消费者个性需求的"定制"风潮。因为在这个世界上，每个人都有属于自己的时尚

第三章 产品策略：打响进军市场第一枪

密码，而标准化和规模化的产品永远无法完美地表现自我。

私人定制是企业品牌品质和文化的提升，也是企业在品牌文化体系建设过程中更丰富、更可靠的内涵。对于消费者来说，定制任何产品本就是一个非常愉悦的生活经历，不是为了炫富，不是为了身份象征，而是要让自己和自己所在乎的人感受到那份"独一无二"的幸福与美好。这便是"定制"背后的真正意义。

经典故事

季芸是一家婚庆公司的老板，自成立公司以来已经接了大大小小不下100场婚宴的单子，但是最近的她陷入了苦恼之中。整个婚庆一条街上，五花八门的竞争对手变得越来越多，自己的产品和服务越加显得没有特色，而且现在的年轻人喜欢尝试各种不同的玩法，就连婚礼也不例外。如何改造自己的产品和培训自己的专业团队，成了她现在最大的难题。

最近，外出的一场学习，让她忽然间豁然开朗！想想其他竞争对手那些"特别"的产品与手段虽然吸睛，但是与其给消费者选择的权力，倒不如直接给他们自己想要的，这样快速、直接，更能够满足他们所需。思来想去，季芸从婚纱及配饰设计到婚礼环节，都打出了"独家定制"的旗号，并聘请了专业的婚纱设计师以及婚礼策划师。

为做宣传推广，季芸不但在门店门口立下展牌进行宣传，并且举办朋友圈转发集赞活动，最终从中挑选一对新人进行体验，且整个婚纱及婚礼流程费用全免！正是由于这个活动的开设，一下子就吸引了几十对新人的注意。被选中的新人，成了季芸婚庆公司的代言人。

自那之后，很多新人都来到他们店内，按照自己的想法来设计婚纱和婚礼情节。这种原创式的婚礼，让诸多新人都感到十分满意，就

像自己真正主宰并见证了自己所选择的幸福!

这独家定制的营销模式,很快就将其他竞争对手甩在了身后!

导师箴言

"现在市面上的独家定制产品有很多,例如:求婚戒指、宴会礼服、气味香水、化妆品等等,这些商家就是为了充分满足消费者的个性化需求。因此,中小企业在思考产品策略的过程中,也可以想想怎样打造一款独家定制的产品,来吸引客户的目光、留住客户的心!"

——NLP卓越商业导师 苏学锋

第三章
产品策略：打响进军市场第一枪

8

抛出诱饵，先解决客户体验问题

问题困惑

在商业社会，有时你对自己的产品或服务感觉良好，自信满满，可推向市场却反响平平，原因何在，最大的一个原因可能是你的产品或服务带给客户的体验不够好。商业经济越发达，消费方式的迭代就越快，人们对产品或服务带给自己的感受或体验的要求就越高，他们更愿意为好的感受或体验买单。

NLP总裁智慧系统解码

现代商业领域中，体验式营销几乎成为各行各业必须要做的事。以前针对于服装、美食产品比较多见，而现在电子产品、家具，甚至房屋等开始进行体验，为了满足消费者的体验需求，很多品牌都在各个城市中开设了实体体验店。

由此可见，当下依然成为体验为王的时代，消费者在消费的过程中追求的是一种超值的消费心理体验，不但要物有所值，更要物超所值。海底捞就是因为附赠各种免费服务，满足了消费者的这种心理，才赢得消费者的心。

不得不承认，消费者总是在想：听的看的，不如亲身体验的。只有亲自尝试了，他才会信任产品，即使销售人员说得天花乱坠的，他们都不会相信，所以，让顾客亲身体验，不失是一个好的销售方法。

不管什么类型的体验产品，只要迎合了顾客的需要，具有高度的体验价值，顾客就会给予提供体验产品的公司更高的价格作为回报。同时，可以打造出体验产品，以吸引顾客参与品牌互动，实现品牌认同和忠诚。因此，提高商品和服务体验化程度，吸引顾客的参与是体验营销成功的关键。

经典故事

在城东有一家手工面包店，刚开始的时候，客流并不多，老板在设计面包的样式上下足了功夫，可是很多人都只是一走而过，而且在这个不算大的三线城市中，这些看起来足够吃上一整天的面包，给人的感觉只是"可远观而不可亵玩焉"，所以根本没有人想要花钱去消费。

为了吸引顾客，老板决定开设样品试吃，让营业员将做好的面包切成一个个小块，然后供来往的人品尝。人们对免费试吃的事情，总是来者不拒。一般试吃过后的人，都被面包独特的风味吸引，从而买下一个甚至多个面包。就这样，凭借免费体验试吃，这家手工面包店打开了市场。

在那之后，手工面包店的老板为了充分满足消费者的体验需求，直接在自己的店内开设了一个新品体验屋。每当有新品出炉的时

第三章 产品策略：打响进军市场第一枪

候，就会通过各种形式来邀请新老客户来店里进行免费品尝，对于面包的口味，如果消费者能够给出中肯的评价及建议，那么会获赠当天现做的芝士蛋糕一个。消费者对老板这样的服务十分满意，通过一传十、十传百，这家手工面包店的顾客越来越多了。

🍃 导师箴言

"其实所谓的体验式营销，就是抛出诱饵，引消费者上钩的一个过程。这样的方式，具有最直接的效果。但老板一定要注意的是：所抛出去的诱饵，一定要足够好才行！如果诱饵不具备足够的诱惑性，那么这样的营销方式只能够适得其反，更甚者可能会砸掉自己的口碑！"

——NLP卓越商业导师 苏学锋

9

不断创新，留住消费者的新鲜感

问题疑惑

为什么你企业的客户越来越少了？为什么你企业中很畅销的产品，如今的消费者却并不买账了？是你的产品质量变差了？还是消费者又出现了新的需求？到底该如何做，才能够招揽到源源不断的顾客？

NLP总裁智慧系统解码

在科学技术发展日新月异、产品生命周期大大缩短的新经济时代，企业产品面临的挑战更加严峻，但从手机这一个产品来看，在短短的几年时间，就经历了很多创新阶段，从模拟机、数字机、可视数字机、一直到可以上网的手机。手机的更新演变生动地告诉我们产品的创新是多么迅速而高级，与此同时，也是在告诉所有企业老板：如果不能及时创新产品，就可能导致企业的灭亡，诺基亚就是一个最为典型的例子。

第三章
产品策略：打响进军市场第一枪

作为企业，技术创新永远是生存必不可少的手段。技术创新的结果便是促动企业不断设计、生产出市场需求的各种新产品。产品创新是技术创新的延续和深入。一个企业能否持续不断地进行产品创新，开发出适合市场需求的新产品，成为决定该企业能否实现持续稳定发展的重要问题。

随着用户需求的变动，产品格局也在逐步的变换之中。产品创新的意义是显而易见的，创新是发展的动力，产品创新就是企业发展的动力。通过产品创新，从而提升产品的竞争力，拓宽市场，树立良好的品牌。对于已经在此行业从事多年的众多品牌来说，只有不断创新的产品，才能留住消费者的新鲜感，才能够赢得市场。

经典故事

张莹大学毕业后，她在郑州的一家公司做起了业务员，不过她并不喜欢这个工作，她总是留意身边适合自己的机会。

2008年秋的一天，她在商场中，听到两个女孩因为吃果冻会发胖而感到苦恼，而且还说里面含有的食用明胶和防腐剂，吃多了对身体不好。女孩对果冻的反应让她的心里一动。回到住处，她想起了自己在老家经常吃的凉冻，那是居住在海边的渔民用海底捞出来的海藻做出来的。海藻脂肪含量又少，而且富含蛋白质和铁、钙、锌等微量元素，是天然的瘦身和保健食品。她想，如果能把海藻凉冻引入市场像果冻那样推销，既避免了吃果冻引起肥胖的麻烦，也不会再增加什么食用明胶防腐剂，肯定能受到消费者的欢迎。

想到这个，她马上向公司递交了辞职报告。她开始寻找适合开店的地址，因为大学生是对新鲜事物最容易接受的一个群体，所以，她在高校集中的地段，租下了一间十几平方米的小屋，经过简单装修，再添置一些必需的设备后，她的海藻果冻店便开业了。

为了让自己的海藻果冻做到"色、香、味"俱全，一下就能吸引住顾客的眼球，她不仅制作了造型别致的模具，还翻阅了好多饮食方面的杂志去找感觉。经过精心制作，漂亮爽口的果冻终于摆在了制冷展示台上，这些琳琅满目造型各异的果冻就像是一件件经过精雕细琢的艺术品。她还根据不同原料不同口味给果冻起了浪漫的名字："恋爱宝贝""水晶之恋""海之吻"等。这种"好吃看得见"的果冻不仅能减肥，又有这么时尚的名字，刚一推出就受到了时尚女孩的欢迎。

后来，为了留住消费者的新鲜感，她还推出了果冻DIY以及丰胸果冻，同时，还增加了牛奶、蜂蜜、红枣等利于美白养颜的原料，以及小米、花生、核桃等利于睡眠、健脑的原料，做了一个健康系列果冻。当这个系列果冻摆上柜台后，很快又为她吸引来了大量食客。现在的她，再也不是当初小小的业务员，而是家财万贯的企业家了。

导师箴言

"如今的时代，消费水平的提高不断刺激着消费者的需求，这也就决定了企业必须不断创新产品，来满足消费者的'口味'。企业家要记住：市场竞争是十分残酷的，而消费者永远都是挑剔的，产品不会因为以前得到过消费者的宠爱，就永远得到消费者的青睐。因此，企业不断开发研制适应消费者需求变化的新产品，使一个企业永葆生命活力。"

——NLP卓越商业导师 苏学锋

第三章
产品策略：打响进军市场第一枪

10
分化模式，巧妙开创一片蓝海

❋ 问题困惑

在同一个领域中，经常由于竞争者太多，市场从蓝海就变成了红海，在红海中"厮杀"，如果不具备一定的创造力，找到自我定位，那么很快就会被市场所淘汰。这个时候，企业家如何开创属于自己的一片新天地呢？

♟ NLP总裁智慧系统解码

在激烈的行业竞争中，已经处于"红海"中的产品从自身而言，已经不具备竞争优势。这个时候，很多企业都会把竞争思路转移到如何铺渠道、做营销上，然而这并不能从实际上解决问题，大部分的市场还是会被最初的产品开创者给牢牢占据，那么，我们如何能让自己从疲态的竞争中走出，找到一条适合自己的路，从而占取更大的市场份额呢？

这个时候，其实我们应该回归产品本身，用技术或是其他手段，另寻思路，对产品进行创新改造，当然有些时候根本不必大费周章，在如今这个时代，产品类别的细分已然成了未来发展的一种趋势。例如：在大城市中，有很多分工极细的专业服装店：精品男装店、精品女装店、儿童服装店、老年服装店等。

产品的类别分化，不仅可以巧妙避开同行的竞争，更能开拓一片蓝海，打造出自己产品的核心竞争优势。从而扩大销售额，占领新的市场，获得更高的利润回报，让自己在这个行业领域中有一定的话语权，提高自己的企业地位。

经典故事

早在50多年前，英国就有一种下酒菜"炸土豆片"，很受酒吧的欢迎。一个市场很窄的商品，并没引起人们普遍注意，只有一家叫史密斯的公司控制着大部分市场。不过后来很多人发现这个下酒菜有很好的口碑，于是都想效仿做这种下酒菜，但是却仍然开拓不了市场，消费者还是只认史密斯公司所做出的这个产品。

此时，有个十分聪明的人想到：大家为什么一定要做"炸土豆片"呢？把这个土豆片当零食吃也不错，如果做得好，不仅能避开竞争对手，还能大赚一笔。于是，确定想法的他立即收购了一个很不起眼的生产炸土豆片的小公司，即金奇妙公司。

经过一番策划，把市场定位于男人下酒菜的土豆片扩大到妇女和儿童的零食，之后便开始不断尝试，最后投入生产。这种产品出来之后，很受消费者的欢迎，没多久，金奇妙土豆片一下子成为超级市场与街道小商店的热销小食品，并且冲出英国，走向了世界。到了后来，金奇妙的土豆片不只是刺激了民众巨大的潜在需求，也避开了与史密斯公司在下酒菜上争高低的同行业竞争。

第三章
产品策略:打响进军市场第一枪

导师箴言

"在与同行业竞争的时候,改变固定观念很重要,只靠硬拼,其实又费力又没有太大的进展,大部分市场开始掌控在开拓者的手里,因此,这个时候,我们应该在新的市场定位上、产品上,创造分化领域,从而赢得市场新局面。"

——NLP卓越商业导师 苏学锋

11

捆绑销售，强强联合创双赢

❊ 问题困惑

作为企业老板，你没有思考过有什么方法，能够让你的产品快速走进消费者的视野？快速提升自己的品牌形象？或者说在遇到产品滞销问题时，什么方法能够帮你清理积压的存货呢？

♞ NLP总裁智慧系统解码

捆绑销售是共生营销的一种形式，这种形式在当下的各大商场中十分常见。它是指两个或两个以上的品牌或公司在促销过程中进行合作，从而扩大它们的影响力。作为一种跨行业和跨品牌的新型营销方式，捆绑销售开始被越来越多的企业重视和运用。

这种销售策略大致具有如下几个特点：一、在要进行推广的商品中，已经存在至少一种商品，具有较大的用户群体；二、各种商品的用户群体有一定的关联性；三、通过一种商品的促销活动，带动另外一种或几种商品的销售。

第三章 产品策略：打响进军市场第一枪

捆绑营销为企业开辟了一条新的创新之路，改变了以往局限于产品研发上的格局，现今在产品外的组合捆绑，成为更迎合市场的创新之路，而且它还不受企业资金和技术的限制，操作起来更方便。在市场竞争越来越激烈的今天，捆绑营销的形式将不在仅限于单方面和单角度，将来在跨区域方面的捆绑都会有更广阔的空间。

经典故事

由于近几年来，酒业公司大幅度增加，市场乱价的现象影响了整个行业的稳定和发展。王伟作为一家新成立的酒业公司老板，在这个风口浪尖中差点倒闭，最后在一家知名品牌策划公司的帮助下死里逃生。但是如果半年内，再打不开市场，可能就要再次面临之前的窘境。为了进一步拓展市场，从2014年6月开始，王伟决定和一个做拓展训练公司的老友合作，并带领手下的团队策划了"喝××品牌酒，送拓展训练"的促销活动。2015年3月17日，这场活动终于落下了帷幕，在众多某品牌酒的消费者中，数十名幸运者分乘两辆豪华大巴，开始了激动人心的拓展训练之旅……

2015年端午节前，为了打好端午节促销战，实现业绩翻倍的目标，王伟思来想去，又与某食品生产企业紧密配合，策划了一起捆绑销售的共赢故事。"某品牌酒好，某品牌粽香"的广告首先出现在城市街头以及市区众多公交车身上，紧接着王伟的酒业公司又打出了"买某品牌酒，送某品牌香粽"的系列广告，此项活动，不仅拓展了王伟的酒业公司在城市中的市场，也使某品牌酒的消费者购买某品牌酒，还能吃到某食品公司香粽的超值享受。

2015年中秋节前，尝到捆绑销售甜头的王伟又亲自来到这家食

品公司，准备和他们商量新的合作计划。在这次合作中，食品公司专门为王伟的酒业公司的消费者设计了一款（捆绑配送的）礼品盒式月饼，共同导演了一幕捆绑销售的经典剧。2015年中秋节前后，走在城市的大街上"买某品牌美酒，送某品牌月饼"的广告随处可见；尝到喝某品牌美酒，吃某品牌香粽甜头的广大消费者，再次积极地购买某品牌酒。

为了答谢这些长期以来支持自己的消费者，王伟的酒业公司决定将捆绑销售的比例扩大，用真情来回报消费者的厚爱。买一件A品牌酒，送一盒某品牌A类月饼；买二件B品牌酒，送一盒某品牌B类月饼；买三件C品牌酒，送一盒某品牌C类月饼。此外，为了鼓励手下的经销商，王伟还对其制定了等级奖励制度，根据销售业绩的多少，分别对加盟商奖励高级数码相机、豪华高级电动车、双核液晶电脑或香港游、微型面包车等捆绑营销激励机制。靠着捆绑销售的营销策略，王伟的酒业公司发展得越来越迅速，而且口碑也越来越好！

导师箴言

"虽然捆绑销售能够带动业绩增加、扩大品牌知名度，但是并不是所有的企业的产品和服务都能随意地'捆绑'在一起。捆绑销售想要达到'1+1>2'的效果，取决于两种商品的协调和相互促进，而不存在难以协调的矛盾。因此，老板必须多角度考虑所要捆绑在一起的产品，是否被消费者所接受。"

——NLP卓越商业导师 苏学锋

导师语录

★ 做生意一定要注意两个字：口碑。没有了口碑，就没有了信任。

★ 客户不一定需要买东西，但客户会为了赠品的附加值而选择买东西。

★ 产品价格和成本没关系，和价值有关系，你能够为产品塑造多大的价值，它就拥有多大的价格。

★ 一个不会游泳的人，换100个泳池也不会游泳；一个不会成交客户的人，换100个客户还是不会成交。

★ 企业家做生意一定要明白：不要只关注产品本身，而不注重消费者真实的需求。产品再好也是为消费者而服务，达不到消费者需求的产品，就不是一款能够盈利的好产品。

★ 销售等于财富，销售等于收入。

★ 销售是决心的传递，心情的搬运，智力的压服；商谈是一场心理博弈，成交是意志力的表现。

★ 有的时候，顾客买的不是产品，而是自身的感受——被尊敬、被认同的心。

★ 产品足够出色是销售的基础，但更重要的是，你要学会给客户塑造其价值，为客户塑造他需求的价值。

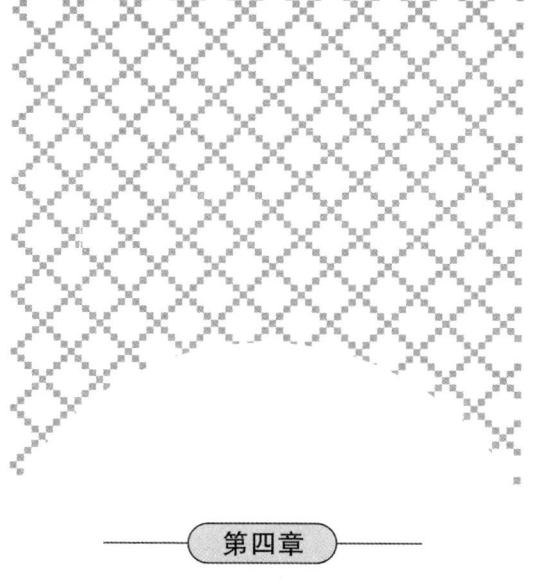

第四章

玩转资本：
从根本上解决钱的问题

企业经营最本质的目的就是：赚钱！因此，一家企业必须确保足够的资金运转。当企业的现金流无法支持自身运作的时候，就基本成了无源之水，无根之木，即便外表看起来具备优势，但其实已经成为"空中楼阁"，长此以往，结果无异于"自杀"。

——NLP卓越商业导师 苏学锋

第四章
玩转资本：从根本上解决钱的问题

1

寻找股东，干大事少不了友盟军

❀ 问题困惑

作为企业老板，当初涉足商海的时候，你是否思考过：到底要打造一个以什么为核心的企业？怎样做才能摆脱初期的财务困扰和技术难题？

♟ NLP总裁智慧系统解码

想要成就一番大事业，必须要找到能够帮助自己实现快速发展的"友盟军"。很多老板不懂得为自己的企业招揽股东，寻找支持力，所以企业始终都是一个人在苦苦支持，并且在出现各类难题的时候，根本没有人能为自己出谋划策。在一家公司中，能够和老板站在同一个思想高度的人，一定是付出"代价"最多的人，这个人就是股东。

股东是公司存在的基础，是公司的核心要素。正所谓独木不成林，没有股东，就不可能有公司的存在，当然对于一家小公司而言，可能真正意义上的股东仅有他一个人。从一般意义上说，股东是指持有公司股份或向公司出资者，但抛却这个意义来看，股东的形式有很多种，一般分为四个类型：技术型、资源型、资本型、资金型。

在招揽股东的过程中，老板一定要清楚自己的公司到底需要什么样的股东，不用吸引那些对公司无用的资源来到自己身边，你所要找的股东，一定能够在企业中具有价值才行，否则将会变成影响公司发展的累赘。找对自己的"友盟军"，企业发展才能够顺风顺水。

经典故事

M1NT亿万富翁俱乐部之所以能够获得巨大的成功，原因就在于它所施行的股东会员制的商业理念。它的创始人阿利斯泰尔·帕顿将加入M1NT的标准设置为一万英镑左右。并且注明了要求：所有入驻M1NT的股东必须是社会名流，每个行业的顶尖人士，否则将没有资格入驻。

当成为M1NT的股东之后，无需支付年费也可以享受俱乐部的设施和服务，并且每年都能够享受到一定比例的分红。就这样，他仅用了6个月的时间，就招募到250位股东会员，他们总共投资了80万英镑买下了50万份股，在他们看来这份投资绝对能带来双倍以上的回报。

越是有更多的业界名流，越能证明加入亿万富翁俱乐部的意义，它不仅能够得到分红，还能够象征着身份的提升，因此申请加入的人不断增加，如此一来股东会员手中的股额价值也在不断上升。2005年底，M1NT股份的净值就高达380亿英镑。高涨的人气，吸引了太多商界、政界的名人。据说英国威廉王子也是M1NT的一份子。

第四章
玩转资本:从根本上解决钱的问题

导师箴言

"在成立一家企业的时候,一定要根据企业的商业模式来寻找自己需要的股东,如果企业以技术为中心就一定找一个技术类的股东入驻,为企业找到合适的股东,将决定未来企业的发展速度和持久度。"

——NLP卓越商业导师 苏学锋

2

绑定会员，钱在哪里客户心在哪里

❀ 问题困惑

身为企业老板，如何培养出一批大力支持公司产品的"死忠"用户群体？用什么样的方式才能够真正绑住消费者的心，让他们持续不断地为自己的产品买单，并帮助企业来传播产品信息？

♟ NLP总裁智慧系统解码

放眼看商海，每个行业领域中，都在实行"会员制"，并以此制度为标准，区别于那些零零散散，并且稳定性不强的客户群体。所谓的"会员制"，以"客户对企业的贡献"为治理基础。从企业的角度考虑，"客户对企业的贡献"体现为客户的价值。设立"会员制"的实际意义就是创造会员价值，或者换句话来说，就是实现"会员价值的最大化"。

会员制的精髓在于通过客户忠诚计划将服务、利益、沟通、情感等因素进行整合，为会员客户提供独一无二的具有较高认知

第四章
玩转资本：从根本上解决钱的问题

价值的利益组合，从而与客户建立起基于感情和信任的长久关系。它不仅仅是提前收钱，留住客户的心，更重要的是，在这基础之上，客户会享受到更多区别于普通顾客的服务及待遇。

客户会办理会员，是对一家企业产品和服务水平充分认可的表现。因此，作为一家企业的老板在招揽会员的同时，一定不要忘记把自己的产品和服务都提升到与会员相匹配的档次，不让会员失望，才能够不断提升他们对企业的忠诚度，而愿意继续以"会员"的形式去提前消费，这对你企业资金流通是益处多多的。

经典故事

1996年8月，沃尔玛在中国的第一家山姆会员店在深圳开业。山姆会员店规定，消费者想要来购物，首先得交纳一定的会费，在成为会员后才有资格进入。个人会员可以办理一个主卡和两个副卡，费用分别为150元和50元。也就是说，在成为山姆会员后，主卡持有者一年内最少要在山姆会员店内购物达到3000元以上才能把所交的会费赚回来，而副卡会员一年也至少要消费1000元以上才能保证山姆会员不亏本。在山姆会员店开业的初期，有很多消费者表示不理解，对"买东西先交钱"的商业模式感到不可思议。

但正是这一家占地3.5万平方米、营业面积只有1.4万平方米、员工只有500人的深圳山姆会员店，每年却创造了10亿元人民币销售收入的奇迹，并创下了全球山姆会员店单日销售额170万美元的最高记录。

当时，只要成为商家的会员，无论是缴费还是免费，都可以享受与普通消费者商品价格上的折扣优势。会员在购物时可以凭会员卡享受5%至10%的优惠折扣，独享部分商品的购买权。而非会员消费者，不仅不能享受价格优惠，甚至没有购买部分商品的权利。以100

元商品为例,会员购买比非会员购买节省十多元钱,两者之间的差距十分诱人,这无疑刺激了相当一部分消费者的参与欲望。

在产品同质性严重的年代,价格战是商家必要的手段,而灵活有效的价格策略又比无的放矢的单纯降价高明很多,会员制营销就是其中一种较为奏效的策略。正是由于会员销售具有刺激消费、增加知名度、扩大人群宣传效应的作用,时至今日,在与人们息息相关的行业中,我们都会看到会员制的身影。

导师箴言

"办理会员卡,其实就是锁定客户的过程。当客户花钱办了卡,他就一定会来店里进行消费。当然有一个十分重要的前提,那就是你的产品质量和服务必须够好。如果客户不满意,那么即便有会员卡,他也不会再来消费。"

——NLP卓越商业导师 苏学锋

第四章 玩转资本：从根本上解决钱的问题

3

寻找天使投资，获得更多支持力

问题困惑

当你想创办一家企业的时候，亦或是开启一个重大项目的时候，资金却不够，如何在短时间内实现快速地融资？当你需要更大的人脉圈支持的时候，如何快速找到这些资源？

NLP总裁智慧系统解码

很多老板在创业初期都会陷入缺少资金的窘境，这个时候如果能够有人给他们的企业进行投资，无疑就会成为他们的"救命天使"，这也就是"天使投资"名称的来源。其实，最初的天使投资形态很简单，就是从周围的亲戚、朋友下手，让他们为自己提供资金，帮助自己创业。

随着时代的发展，市场上逐渐出现一些专门为企业进行投资的天使投资人，他们都是以个体为单位，靠着自己的身家，来为自己看中的比较有能力发展的企业提供资金帮助。这给很多有创意却缺乏资金的人，提供了创业的机会。

一个成功的老板，在资金短缺的时候，可以通过自己企业的优势，去招揽一些天使投资人帮助自己。在天使投资人的背后，不仅仅是资金的投入，更能够带来技术资源及人脉资源，一旦得到天使投资人的认可及帮助，如虎添翼，帮助自己的企业更快地实现腾飞！

经典故事

在1996年，雷军和孙陶然在中关村组织的一次会议上相识。二人当时就一见如故，之后在数年里两个人每次进行交谈的时候，都十分默契地对一件事物有着相同的判断和见解。就这样，一直到2004年，孙陶然下定决心开始创业。

那个时候，雷军已经离开金山集团，在调整自己的那些日子里，他成了一位天使投资人。这时，孙陶然把自己创业的想法告诉了联想投资管投资的朱立南，这个想法得到了朱立南的大力支持，于是立刻给雷军打了一个电话，求他帮忙做一下调查。对于孙陶然想要创业的想法和点子，雷军是赞口不绝，趁着他称赞孙陶然的时候，朱立南就邀请他给孙陶然共同投资。于是，创办拉卡拉的钱就这样来了。联想投资投了100万美元，雷军投了50万美元，孙陶然自己出50万美元，钱一到位，拉卡拉就成立起来了。

当时，拉卡拉进入的是金融支付领域，而这个领域是雷军迄今为止惟一不熟悉就去投资的项目。对此，雷军自己笑着说："当时我确实没搞懂他想干的事情，但我还是毫不犹豫地决定投资。因为孙陶然做什么都能成，无论做什么我都投。"话语间，就看出雷军对孙陶然的信任。

第四章
玩转资本：从根本上解决钱的问题

也正是这份信任，让他把握好了这次投资的机会。当拉卡拉开始不断盈利，并迅速扩张的时候，就证明雷军这投资的第一脚让球顺利进了门。从此，雷军投资的公司不断增多，达到了二十多家，而大多数都是成功的！

导师箴言

"想要获得天使投资人的青睐，首先要有一个独特的创意来吸引他们，其次一定要通过多方渠道融入他们的圈子，用合理的、具有说服力的未来规划来获得他们的信任，切勿把他们当做提款机，只收钱而不作为，那么渐渐你就会失去这些天使投资人的信任，最后让企业陷入更深的危机。"

——NLP卓越商业导师　苏学锋

4

招揽同行，使用资源"拿来主义"

❋ 问题困惑

你有思考过，怎样能避免竞争对手的强势攻击，让企业轻松获得一大片市场吗？这个"分久必合，合久必分"的时代里，竞争到最后大都是融合，关键在于你的企业是哪一方？想知道怎样让同行成为自己的资源吗？

♟ NLP总裁智慧系统解码

在如今的社会中，收购公司和被公司收购的事情在商海中屡见不鲜，这已经成为了最为常见的市场竞争方式。对于收购方而言，不但能够摆脱竞争对手的厮杀，更能够充分整合它所带来的一切资源。

毕竟，被收购的公司，往往已经比较成熟，拥有一定的人力、财力、物力，及市场等资源。在完成收购之后，公司就掌握了对竞争对手的实际控制权，在较快的时间之内，便可以充分利

第四章
玩转资本:从根本上解决钱的问题

用这些资源,从事经营活动,这样可以加速公司的发展。

此外,如果从一开始,你和竞争对手就处于"一山不容二虎"的状况之中,那么想办法收购它,就更有利于你行业地位的确立。一旦你成功收购了对方,那么对实现新的资源配置、扩大市场份额、降低投资风险上,都有极大的益处,企业自身的竞争力也会得到强化,强强联合才能所向披靡。

♟ 经典故事

在大连的房产中介行业中,好旺角房屋深得广大市民的认可和喜爱。原因在于它在大连已经深耕多年,不仅有非常好的IT和互联网能力,还拥有丰富的人才资源。在卖房子最火热的那几年,好旺角发展得最为迅速,企业的人才也在不断地增加。

在房屋交易领域中,好旺角房屋是最早进行IT化、标准化、数据化实践的,作为东北领域的领军企业,它的管理方法科学、有效、精细。在不断地发展中,它推动了大连地区行业内统一的规则报价、交易双方按服务各自承担费用等规则,尤其是推动交易双方税费各担,这一举措更是开创国内先河,也让它再一次成为行业的标杆。

正是因为看中了好旺角的整体优势,全国房屋交易排第一的链家地产用了很多年时间,将好旺角纳入旗下。双方实施战略合作之后,依托强悍的技术能力,为大连乃至整个东北地区的消费者提供完善的交易体系和服务体系。通过这次合作,链家布局东北市场的能力将进一步加强,对未来的O2O布局具有重要意义。

🌱 导师箴言

"在市场不景气的情况下,长时间与竞争对手去对峙,不仅耗费自己的财务、物力、还有心血，更有可能让自己的企业一夕之间倒下，因此并购就成了一种常态。想办法把同行招揽到自己门下，自己在减少竞争对手的同时，也获得了大批的资源。"

——NLP卓越商业导师 苏学锋

5
增加造血功能，打造企业的免费资金池

问题困惑

常言道：靠谁都不如靠自己。这句话适用所有的人，当然也适用于所有的企业。长期依靠别人的资金支持，如果有一天断了资金来源，企业将面临重大危机，如何让企业拥有"自我造血"功能，你有思考过吗？

NLP总裁智慧系统解码

中国的企业要发展，需要自己给自己寻找生存的空间，自己创造流动的"血脉"来养活自己，如果不具备自我造血功能，那么市场环境的一次次降温与升温，都有可能要了你企业的性命。很多企业在不断发展的过程中，看似一切很顺利，实则大部分都存在造血功能不完善的现象，目前很多企业意识到这一点，从原来粗放式的发展开始向精细化的发展去转化，也就是说加快由"输血"到"造血"的功能转型。

一个企业靠输血是活不长久的，一个企业靠输血而生存，一般有两种情况：一是消极地模仿别人的企业；二是单单靠等待购买别人企业的新产品、新技术生存。要知道一味地模仿别的企业是不可能改变自己企业本质的，像是披上老虎皮的狐狸一样，任你怎样也走不出老虎的威风；还有可能重演"画虎不成反类犬"的闹剧。

因此，要想做好一家企业，就要不按着别人的脚印走，不靠别人的输血过日子，才能经得住一次又一次的风雨，乐于创新，勇于开拓新的领域，自我造血、输血，确保企业资金安全运行的同时，才能发展得更快更好。

经典故事

阿里巴巴集团董事局主席马云曾说："我深信不疑我们的模式会赚钱的，亚马逊是世界上最长的河，8848是世界上最高的山，阿里巴巴是世界上最富有的宝藏。一个好的企业靠输血是活不久的，关键是自己造血。"

2003年10月，阿里巴巴创建独立的网上交易安全支付产品——支付宝，支付宝的诞生可以说是将网络交易的危险性降到了最低。当使用支付宝支付成为一种习惯，就会大大降低网购的风险。因为消费者所支付的现金先由支付宝保管，商品确认、验货后，支付宝才进行支付，这让网购的风险降至最低。

而且对于淘宝来讲，支付宝成为通用支付平台将有利于吸引更多的人了解淘宝，增加淘宝的流量。同时也吸引更多的卖家到淘宝开店。越来越多的人使用支付宝支付，这将增加支付宝的现金存量，而这些巨额的现金完全能够为支付宝带来丰厚的收益。

第四章
玩转资本：从根本上解决钱的问题

这之后，支付宝不断升级，网上利用支付宝交易的数额在不断地增加。现今，很多传统店面的商家都在和支付宝合作，当有消费者购买产品的时候，直接扫码收付款，十分地快捷、方便、安全。马云更智慧的是：不仅仅把支付宝作为一个已完成的产品，而是不断在增加自己的功能，余额宝的诞生，就像建立了一个网上银行，让很多消费者都把钱存了进去，这让阿里巴巴有足够的现金流可以支持集团运转。

导师箴言

"企业自身的造血功能并不完善，更多的是靠外来资金的输血，而一旦外来资本环境出现一些变化的话，那么对于企业的发展就会形成一些致命性的影响。因此，想要让企业规避资金风险，顺利发展壮大，就必须具备造血功能！"

——NLP卓越商业导师 苏学锋

6

招收代理,实现区域渠道"全面开花"

❋ 问题困惑

初创企业,如果没有杀入市场的能力,将很快被竞争对手所淹没,那么如何为自己的产品打造声势?让产品快速闯入市场,走进消费者的视野,实现国内"全面开花"呢?

♟ NLP总裁智慧系统解码

中小企业发展的过程中,想要快速将产品铺满市场,不仅要招收内部员工为企业出谋献策,更要懂得寻找代理商为自己的产品拓宽渠道,实现"全面开花"。在一定意义上来讲,选择代理商,已然成为中小企业一项至关重要的市场战略任务,是中小企业将产品推向市场的最佳途径。

一件产品打入市场容易,被多数人熟知却很有难度!很多刚成立的品牌,在打入国内市场前期往往表现不佳,其中对中国各大地域市场情况不熟悉就是主要原因之一。而代理商充分熟悉当

第四章
玩转资本：从根本上解决钱的问题

地的特性、消费习惯以及具有良好的客情关系。企业选择代理商来共同操作市场，可以充分利用此优势来迅速打开市场。

此外，招收代理商的过程，其实就是打造"利益共同体"的过程，在市场开发初期，代理商的投资与加入，能够直接增加公司的利润，保证正常的资金周转，而且中小企业选择代理商共同操作市场，还可以充分利用代理商的资源加快企业的资金周转率，降低企业的资金风险。

经典故事

陕西某制药厂，最近研究出一款新的产品，这个产品的主要功能是增加身体免疫力，它的用途十分广泛，可以预防流感等疾病，与此同时，也可以作为高血压、脑血栓、肾脏等疾病的辅助治疗。本来用途广泛是它的核心优势，但是准备上市的时候，厂家忽然发现：自己竟然没有办法给这款产品进行准确的定位，也找不到一个突出的"卖点"来主打，一时间陷入了苦闷当中。

企业也广泛征求了医学专家的意见，可结果发现专家的观点各不相同，难以达成共识，这可怎么办呢？最后，在营销专家的指点下，企业开展了一个向代理商征求"金点子"的活动，让代理商结合产品和自己区域市场的特点，做出推广方案提供给企业。企业承诺从中选择一些方案，给予资金支持和小量铺货，进行小样板市场试验。

结果，企业发现不同地方、掌握不同资源的代理商做出了差异化非常大的方案，有的代理商要主推学校学生预防用药市场；有的代理商要主推连锁药店；有的代理商要主推进医院。厂家选择了不同的方案进行试验，结果发现都取得了不错的成绩。

接下来，企业就利用不同样板市场取得的成功经验继续推广产品，很多代理商都从样板市场上看到了与自己类似的情况，于是信心大增，积极代理该产品。市场一下子就打开了，该产品很快卖到断货，市场供不应求。

导师箴言

"企业和代理商从相识、相知到'恋爱'、'结婚'是关系着厂家和代理商终身的大事。企业和代理商从一开始就要对双方的'性格'（企业文化）'爱好'（企业定位）特长（企业核心竞争力）等方面进行全方位的认识和了解，制订共同的奋斗目标。"

——NLP卓越商业导师 苏学锋

7
出色员工的背后，是有形的利润

问题困惑

都说"物以类聚，人以群分"，一个优秀的人才身边所存在的人也一定十分优秀，那么一个优秀员工身边的人也一定是如此。好的员工背后拥有太多你想象不到的好处和利润，你知道如何利用一个好员工背后的资源，推动公司的快速发展吗？

NLP总裁智慧系统解码

俗话说："良禽择木而栖"。凤凰自然只栖梧桐树，想引来"凤凰"，却又舍不得花钱为"凤凰"搭个"金"窝，引来的恐怕只能是"小麻雀"或"黑乌鸦"，当然也就不能指望它们下出"金蛋"来了。

在现在的社会发展形势下，越是高层次的人才就越需要加大投入的资本。一些公司领导虽然也渴求人才，但却不愿意支付较高的薪酬；而且，他们也会自我安慰说，没有那么高素质的人才，公司还不是照样运转和经营？

其实，他们是没有认识到高素质人才的潜在价值。这使他们在激烈的寻才大战中往往难以吸引真正的"千里马"；即使寻到了称心的"千里马"，由于不舍得付出，也还是难以留住他，时间不长，"千里马"就会跳槽而去。

所以，在引进人才时，一定要舍得花大本钱。对公司而言，引进人才也像更新设备一样，投入的越多，产出和回报才会越丰厚。反之，只能看到"凤凰"另攀高枝了。一些成功的公司明白人才的重要性，不惜重金聘请自己需要的人才，都大获收益。

经典故事

国内某家电子公司，由于其产品的磁粉技术过不了关，所以该产品一直无法上市。正在进退两难之际，该公司决定公开招聘这方面的专家进行攻关解决问题。但是，茫茫人海，懂得磁粉技术的人才却寥寥无几，能够帮助他们攻克难关的人才没有踪迹。

后来该公司听说另一家公司的总工程师江涛，对此项技术有相关技术，可以帮助他们解决磁粉的问题，于是就派公司内的高层人员去游说江涛，让他跳槽到他们那儿去，并许诺工资比他在原公司高出5倍。然而，江涛所在公司为了留住江涛这个台柱子，也许诺加薪。

那位高层领导在请示了公司经理后，公司经理想了一下，说："他们无论出多少钱，再乘以2，这就是我们的条件。"最后他们终于把江涛挖到了手，磁粉问题很快就解决了，新产品上市后以其技术新、质量高、价格适中的优势，迅速占领了市场，给这家在人才争夺战中付出很大代价的公司带来了丰厚的利润。

第四章 玩转资本：从根本上解决钱的问题

导师箴言

"那些具有阅历、能力出众的优秀员工，必然是经历了多年的摸爬滚打，在他们的身上不仅拥有技术和能力，更重要的是，他们丰富的思想以及多年来累计的行业经验及人脉资源，这些都可能为公司创造利润。因此，智慧的老板要懂得挖掘优秀员工背后的资源，并恰到好处地利用起来。"

——NLP卓越商业导师 苏学锋

8

外包业务，实现灵活动态配置

❋ 问题困惑

现代社会的竞争压力的加大，让很多企业都开始专注核心业务的投入，尽量减少对其他领域的开发，尤其是那些繁冗复杂，却不能为公司直接创造利润的业务。轻资产已经成为企业发展的模式之一，身为老板的你，是否还被"多余业务"所拖累呢？

♟ NLP总裁智慧系统解码

目前，业务外包已经成了很多公司使用的经营策略。这种策略就是企业把内部业务的一部分承包给外部专门机构。其实质是企业重新定位，重新配置企业的各种资源，将资源集中于最能反映企业相对优势的领域，塑造和发挥企业自己独特的、难以被其他企业模仿或替代的核心业务，构筑自己竞争优势，获得企业持续发展的能力。

第一，企业实施业务外包，可以将非核心业务转移出去，借

第四章
玩转资本:从根本上解决钱的问题

助外部资源的优势来弥补和改善自己的弱势,从而把主要精力放在企业的核心业务上。根据自身特点,专门从事某一领域,某一专门业务,从而形成自己的核心竞争力。

第二,业务外包使企业提高资源利用率。实施业务外包,企业将集中资源到核心业务上,而外包专业公司拥有比本企业更有效、更经济地完成某项业务的技术和知识。业务外包最大限度地发挥了企业有限资源的作用,加速了企业对外部环境的反应能力,强化了组织的柔性和敏捷性,有效增强了企业的竞争优势,提高了企业的竞争水平。

经典故事

2009年,在全球金融危机冲击下,索尼集团面临利润亏损的窘境,而造成利润亏损的原因就是"重资产"的企业经营模式,为了改变这一现状,索尼集团负责生产、采购的执行副总裁中川裕表示:"索尼的结构合理化基本策略是轻资产,即剥离投资巨大的生产设备,其中具体的实施方式既包括委托第三方生产,也包括公司内部的资产整合,例如把电脑生产中的一些方法运用到电视生产中。"

5月19日,在索尼全球公司年度经理会议上,索尼消费产品及零部件集团(CPDG)总裁吉冈浩喊出口号——"让我们共同创造一个新索尼!"并给索尼CPDG管理层列出了两个可落地的目标:一是尽快实现盈利,二是实现液晶电视、数码相机等主营业务的增长。尽管有这样的想法,但是当时的市场环境让这两大目标变得遥遥无期。

当年7月,索尼公布了2009~2010财年的第一个季度报告,由于一些客观不可控的因素,导致公司的销售收入同比下降了19.2%,其中CPDG的销售收入下降了27.3%,而整个公司的亏损依然达到3.9

亿美元。为了尽快扭转这不利的局面，"轻资产"战略加速了进程，没过多久，索尼关闭了在美国宾夕法尼亚的液晶电视工厂，这意味着索尼已经将北美市场的液晶电视生产全部外包。

直至9月，索尼将其在墨西哥提华纳市的液晶电视工厂90%股权(包括3300名工人)和墨西哥液晶电视组装厂及部分生产设备，全部都出售给台湾OEM巨头鸿海。在放弃最大的海外工厂后，索尼液晶电视业务的外包比例已经提高到30%。通过这次墨西哥工厂的转让，索尼不仅降低了资产负重，而且回笼部分资金，缓解了当时巨大的资金周转压力。

导师箴言

"一个优秀的企业，并不需要太多的'加工厂'，只需要把业务外包就能处理好的事情，不要花过多的人力和物力，要集中有限的资源和能力，专注于自身核心业务，创建和保持长期竞争优势！选择外包，除了不影响自己核心业务进程，还能够达到降低成本，保证质量的目的，这种方式，在市场经济竞争中备受企业瞩目。"

——NLP卓越商业导师 苏学锋

9

思维转一转，先收货品再付费

问题困惑

如何让自己在经营企业的过程中，拥有大量可销售的产品？与此同时，还能够有不间断的现金流？你想过什么办法可以一举两得吗？

NLP总裁智慧系统解码

给供应商提前付款，是每一家企业老板都担心的事儿。但是供应商肯定会先要钱的，至少必须有定金，那么有没有什么方法可以让他先给送货，然后再付款呢？其实，这时我们可以运用NLP智慧中的时空角策略，拉长时间线，然后和这些供应商再去谈合作。在巨大的时间线里，供应商能够看到自己所收获的更大的价值，于是在不提前收货款的情况下，他们也愿意和我们主动合作。

具体解释为：我们可以和他们签订一份五年、甚至十年的合作协议,这保证了咱们会定期给他们付钱,至少这五年到十年的时间里,他们不会丢失我们这个客户。这样一来,他们还不高兴吗?而且不提前付款,可以充分保证对方生产货品的质量,因为没有提前付钱,他们就必须把质量把控好,否则我们将有拒绝付款的权力。

经典故事

一个家电超市刚开业的时候,有很多厂家来和超市老板谈合作。看到这么多厂商说要提供货品给自己,超市老板也不知道如何选择,而且论费用而言,都十分高昂。最后在一个朋友的指点下,这个超市老板决定和不用先付款的厂家合作,他可以和合作的厂家签订一个五年的合作协议。但厂家必须答应货品的结算方式为:三个月一结。

最后,其中一家的厂家答应了以这种形式和超市老板合作。这样的合作模式,不仅让家电超市汇聚了大量的现金流,更充分地保证了厂家所提供货品的质量。利用还尚在手中的货款,家电超市进行了一些资本运作。然后,用这些挣到的钱支持超市继续扩大经营规模,以此来击败竞争对手。

其实,这个家电超市的生存是建立在售卖产品的基础之上,但是其赢利点却并非是零售,而是汇聚资金后的资本运作。这种模式,让它很快地在市内开了十几家分店。由此,成了连锁超市,而这种模式,超市老板仍旧在用,于是超市裂变的速度变得更快了。

导师箴言

"有很多企业家做生意,都是先把钱付了,然后等着产品出

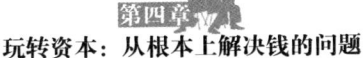
玩转资本:从根本上解决钱的问题

炉,其实这样做的风险是很大的,有时候你看到的样品和最后到手的成品质量有很大的差别。如果选择先收货品再付费的方式,结果就不一样了。供应商想到钱还没有到位,自然会精心把控产品质量。"

——NLP卓越商业导师 苏学锋

10
整合资源，下寻分支为企业揽客

❀ 问题困惑

为什么两家规模相同的小店，产品和服务也不相上下，但A店却比B店的客户要多？你想过这是什么原因吗？

♞ NLP总裁智慧系统解码

一家企业，想要让自己的客户变得更多，那么就要想办法，不断去给客户创造便利。就像现在的美团、饿了么，他们就是抓住了消费者"懒"的特点，所以就把热腾腾的饭菜送到家，给了消费者极大的便利，还有舒适感！

有的时候，客户距离我们的企业太远，想要购买产品或是办理业务都很不方便，这个时候，我们只需要想办法解决这个问题，就会招揽到更多的客户。在NLP总裁智慧系统行销力中，有一个极为有效的资本战略，就是：招外包。

什么是招外包呢？这种方式和开分公司不同，所谓的外包其

第四章
玩转资本：从根本上解决钱的问题

实就是指公司下设的一个一个处理业务的分支机构，它不仅省事、简单，还能够帮助公司节省费用。最重要的是，它缩短了客户和公司的距离，易于接收客户，并且给客户提供一定的服务。

经典故事

李薇薇在大学毕业之后，开了一家洗衣店，最初的客户只有相熟的同学、朋友，每个月扣除基本的运营费用，她挣的钱也就一个普通员工的工资。为了扩展自己的客户源，李薇薇让自己的同学、朋友帮助自己宣传，并介绍客户，但是这样的效果还是不够明显。

后来，李薇薇开始和洗衣店周围的其他商家合作，这其中也包括了一些一楼的住户，到底是什么样的合作方式呢？原来她想让这些商家和住户都成为自己的收衣点和发衣点。她想过：客户很可能是嫌自己的洗衣店太远，不方便，所以才不去她家洗衣服的，但是如果可以和一些商家和住户合作，就能够解决这个问题。

果不其然，当洗衣店的收衣点变多的时候，她的客户就开始源源不断了。她会选择一个合适的时间，去各个商家收衣服，然后洗好衣服后，再送到这些商家和住户的手上，由他们发给那些洗衣服的顾客。

导师箴言

"想要扩大自己的客户源，就一定要先学会整合资源，除了开发代理商，招大量的销售员，多和其他企业合作以外，开办销售点也是一个不错的方式，只有扩大客户的接触面，我们才能拥有更多的客户。"

——NLP卓越商业导师 苏学锋

11

潜在客户预售，先收钱再出货

❀ 问题困惑

作为企业老板，如何解决想生产一款产品，却苦无资金的问题？如何做到产品还没有生产，就能够获得足够的消费者支持？如何解决生产出来的产品没有人买单的窘状？

♟ NLP总裁智慧系统解码

预售代表着需要先预约，然后才能在规定的时间内进行购买。预售是指在产品还没正式进入市场前进行的销售行为。对于一些设计、发明类的产品，可以通过预售来了解该种产品是否有市场，特别是针对一些只能通过批量化生产的产品而言，通过预售达到一定量后才可以投入生产，有效规避了生产存在的风险。

对于企业而言，通过预售一方面可以提前获得销售资金、根据预售数量实时更新新产品的需求预测信息，从而降低库存风险；进一步地，在考虑消费者行为的前提下，企业还可以将新产

第四章
玩转资本：从根本上解决钱的问题

品预售策略与新产品定价、信息披露、价格保证、新产品创新等策略结合，进一步提升企业的赢利性。

经典故事

一家新开的化妆品公司，为了节约成本，走的是微商路线，在招收了很多品牌代理之后，在朋友圈开始大肆宣传！由于前期的研发费用相对来说较为吃紧，而现金流又不是十分充足，这家公司的老板就想到了一个先收钱，再发货的策略：独家版化妆品预售。

就是先设计出一款独家的化妆品，仅此生产一批，全国独一无二，并且仅有10000瓶。每个人可以先付钱购买，先订先得，到10000截止。等到全部订购出去之后，公司再统一发货。这种方式，延长了发货的周期，又能提前收钱回来，继续支持化妆品研发。

一个月后，这款独家化妆品发货了，那10000个买到这款化妆品的用户，都为自己能获得这样一款限量版的化妆品而感到开心。公司老板的这个策略，不仅仅是解决了现金流的问题，更重要的是：因为这一次的预售，大家都知道了新创立的品牌，给后期的朋友圈营销带来了极大的优势！

导师箴言

"学会提前预售，不仅可以替你的产品进行市场预热，更重要的是，你已经把钱收到了自己的手里，我们卖产品的目的就是为了挣钱，既然钱已经到了自己的手里，就会更方便我们去做其他的事，支持其他地方的投入也是没有问题的。"

——NLP卓越商业导师 苏学锋

导师语录

★ 有利润的企业说不定会破产，但持有现金的企业永远也不会破产。这足以说明：现金流十分重要。

★ 物以类聚，人以群分。优秀人才身边一定拥有更多的优秀人才，将他们吸引到自己企业来，便可以为自己所用。

★ 一个企业想要获得长远的发展，必须具备自身的造血功能，凭借外力获得的一切都只是暂时的。

★ 成功的企业家一定不是凭自己的力量，而是借用他人的力量，整合他人的力量。

★ 营销没有专家，最大的专家其实就是消费者。

★ 全世界所有员工最大的福利就是培训，想让员工跟着自己获得成功，请先让他们获得成长。

★ 想要有钱赚，就要懂得把一次性客户变成终身客户。

★ 相对于新客户，老客户是更具备价值的，但是很多时候，企业往往都把精力放在开发新客户上，忽视了老客户的流失。

★ 利用预售，把钱先收回来，再去做产品，对企业而言是最好的保证。

★ 不要在任何辅助业务上多花心思，外包业务可以减轻企业员工很大一部分负重。

第五章

解码人性：
永远不缺客户的秘密

  既然企业是在为客户而服务，那么就一定要：想客户之所想、急客户之所急！只有通过"解码人性"的方法和策略，充分了解客户内心的想法，利用客户特有的消费心理，才能真正把握好市场的命脉，达成源源不断地成交！

——NLP卓越商业导师　苏学锋

第五章
解码人性：永远不缺客户的秘密

1
像对待新客户一样，对待你的老客户

❋ 问题困惑

很多老板总会忽略一件事，那就是自己对老客户态度的转变，他们总是觉得老客户已经是"自己人"了，于是称兄道弟，开始渐渐失去了精心服务的态度，结果到最后老客户走了，他还不知道为什么。

▲ NLP总裁智慧系统解码

在中国，很多老板在企业经营中常犯的错误就是：与老客户越来越亲近，最后变得"公私不分"，本该以专业态度对老客户服务，结果到最后却变成了聊家常，论情义。失去了一开始那种专注与热情。

老板总是想：老客户已经和自己站在同一阵线，暂时可以放一放了，要把更多的精力放在开发新客户上。可是，最后可能新客户还没开发成功，老客户这边早已"起火"。尤其是看到你在

对待新客户的态度和对待自己的态度判若两人时，更得大发雷霆！

作为老板，你要知道：你现在手里的老客户，都是竞争对手眼中的新客户。你稍不留神，让老客户伤了心，很有可能就造成他们的流失，让他们成为竞争对手的"盘中餐"。最后，可真的是得不偿失了。

经典故事

河北一家广告公司，近几年来发展得十分不错，在所有员工的齐心协力下，给公司创造了不少业绩。这一年，老板王传林决定继续扩大自己公司的规模，于是开了一场会议，给所有员工定下一个规划：让他们发挥自己的销售潜力，去挖掘更多的新客户。而且许诺了一个比同行业要高出几倍的提点，并且除了专职销售，其他职员一样有机会。

这个规划下达之后，员工都开始变得动力满满！开始尝试找各种机会去挖掘新客户。可是，这样一来，就渐渐忽略了他们的本职工作。很多公司的老客户发现：广告提案总是晚交，而且整个设计看起来搭配并不协调。给负责人打电话，常常都是敷衍了事。最后，其中一位老客户实在忍无可忍，于是便来到广告公司和负责人进行洽谈。

在沟通中，无意间得知他们正在竭力开发新客户的事情之后，才知道广告提案做不好是因为这个原因。对于广告公司这么不专业的态度，最后这位老客户决定解约，从此再也不和这家广告公司合作。无论负责人怎么道歉、挽留都无济于事。这位老客户的流失，直接损失了广告公司半年的业绩。这个时候，老板王传林才知道老客户的重要性！

第五章 解码人性：永远不缺客户的秘密

从那之后，这家广告公司再也不敢忽视任何老客户了。在老板王传林的规定下：即便是在开发新客户，也会尽心尽力将老客户的工作任务准时准点、保质保量地完成。慢慢地，这家广告公司的运营又重回了正常的轨道。

导师箴言

"作为一名智慧的老板，永远要记住：要以对待新客户的方式，去对待自己的老客户！保持自己最初的精心与热忱！稳固好老客户的阵营，再去想办法开发新客户。这样才能让公司持续获得收益，不断发展壮大！不管是老客户还是新客户我们都应该一视同仁。千万不要忽略老客户，否则公司一定会遭受损失，迟早或迟晚，老板一定要警惕！"

——NLP卓越商业导师 苏学锋

2

勇闯商海，别忽视消费者的参与感

问题困惑

为什么你辛辛苦苦花费大价钱设计出来的产品无人问津？为什么竞争对手的产品看起来毫无特色，却那么有市场？你找到其中的原因了吗？在消费者的眼中，什么样的产品才符合他们的心意，你思考过这个问题吗？

NLP总裁智慧系统解码

如今的市场变幻莫测，想把一件产品卖出去，并不仅仅是生产出质量高、品相好的产品就可以做到的。人类的消费水平的不断提高，直接导致人类需求的多样化，满足不了人类日益增长的多样化需求，你的产品的销量就永远不会提高。很多公司其实也在这方面下了很多功夫，从产品内容到设计、包装，都煞费苦心，也实现了产品功能的多样化，以为这样就可以覆盖到大多数消费者的需求。但是，你有没有想过：多功能，就代表是消费者

第五章
解码人性：永远不缺客户的秘密

想要的吗？

前几年，小米手机成了国内手机品牌的一个"神话"，这不仅仅在于小米创始人雷军的各式各样的宣传手段，更在于小米本身打动了人心！无论是相对较低的价格，还是国民手机的旗号，都让中国人开始意识到：自己使用的是一款价值很高的手机！所以，它几乎是以"一炮打响"的姿态涌进了手机行业，成了大家眼中的香饽饽。

其实，除了这些，还有一条大家可能没有注意，那就是：小米手机十分注重消费者的参与感！它并不是突如其来的，而是蛰伏四年，才喷薄而出的一款手机。在这期间，它针对自己定义的消费群体进行过一次又一次的调查，可以说，小米手机的每一个细节，都有消费者参与的痕迹。雷军本人也十分注重消费者的看法，不管是消费者提出什么问题和意见，他都会和团队仔细思量。让消费者参与小米手机的设计，所以设计出来的小米手机就是他们心中所想的那个样子，因此小米手机才会得到这么多消费者的喜爱。这充分证明，想要打造一款深受用户喜欢的产品，让用户参与其中，是一个十分关键的因素。

经典故事

在1998年，宝洁公司在广州成立了中国第一家合资企业——广州宝洁有限公司，从此开始了其中国业务发展的历程。这二十年以来，宝洁在中国的业务已经取得了飞速的发展，这最大的原因就是宝洁每天都在进行各种各样的创新，而这每一个创新都不是来自于谁的突发奇想，而是根据消费者的需求，在充分调查了消费者的需求之后，再

开始亲自实践创新的。

许友年曾说:"宝洁的目标是发现巨大的消费者需求,然后投入巨大的资源,从而产生出具有巨大市场影响力的产品。"因为在产品研发的过程中,宝洁始终不忘一个原则,那就是:不单纯的以"我"的视角,而必须有全球的视角。也就是,宝洁在进行研发时,并不单单着眼中国或亚洲市场,而要看这个产品能不能推广到其他市场上去。

虽然世界上各个国家的思想文化理念并不完全相同,对于一些生活中的基本需求却是一致的。举个例子来说:很多女人都喜欢留着长发,中国人、菲律宾人、美国人等等,她们都希望自己的头发非常柔顺,这样看起来会十分漂亮,这一点,其实就是消费者的基本需求。宝洁最大的愿望其实就是,尽最大可能去满足这些一致的基本需求,如此一来,才能以最少的资源获得最大的收益。所以,每当宝洁在确定一个决策的时候,都会进行广泛的市场调查,让每个正在使用或者想要使用宝洁的消费者提出自己的想法和建议。然后再根据这些反馈,来决定去做什么。

导师箴言

"如今的时代,更新换代的速度简直超乎了我们的想象,因此,我们就不难看出,消费者沉迷于现有的产品的时间是十分短暂的,他们的需求是随着生活的变化而变化的,所以,无论是哪家公司,想让自己立于不败之地,就要时刻保持一颗了解消费者需求的心,想一想如何利用更好的方式来吸引消费者为自己的产品服务,充分运用他们的参与感,才能在不断研发新产品过程中取得更大的成功。"

——NLP卓越商业导师 苏学锋

第五章
解码人性：永远不缺客户的秘密

3

引领客户思维，你就占据主动

❀ 问题困惑

每个人都具有思维，但并不是每个人都有引领思维的能力，为什么你在谈话中，常常会发现自己被别人带偏了，也就是说跑题了，这证明：别人正在引领你的思想，那么怎样反客为主呢？

♟ NLP总裁智慧系统解码

犹太人是世界上富人最多的民族，为什么他们中的多数都能够成为富人呢？就是由于他们都有富人的心态和思维方式——他们一开始就没有把自己和穷人等同，而是把自己定义为富人。这种身份定位，促使他们有了更高的信念与梦想，并且他们深知如何去做才能让自己真正达到这些。他们最聪明的一点不光是悟透人的思想，更懂得引导别人的思想，让别人通过他们的语言和肢体行动，跳入到自己所设定的框架中，从而实现想要的目的。

NLP十八条前提假设中，曾提到：一个人不能控制另一个人。但是我们绝对可以通过自己的思想、语言以及行为,来影响别人。人做任何决定的时候,都不是被别人说服的,而是被自己说服的。

无论是推销、谈判、请求、命令,我们的神情语态以及肢体语言都会间接影响到对方的情绪状态,而情绪会直接影响到他(她)的信念,他(她)的信念如果朝着你的方向动摇,你就可能达到改变对方思维过程的目的,就像把一个遥控器放入对方的心里一样。

 **经典故事**

北京最知名的一所大学邀请一位教授来做专题演讲。面对人潮涌动的听众,教授还没讲话就有学生提问:"请教授用最通俗易懂的语言告诉我们,什么是犹太人的经销商法?"

"回答你的问题之前,我可以先问你三个小问题吗?"教授说。

"请问!"那个人说,

"有一天,两个人从很高的工业烟囱里同时掉了下来,其中一个人的衣服很脏,另一个人的却很干净。请问你觉得他们中谁应该去洗衣服?"教授问。

"衣服脏的那个,这还用问吗?"提问的学生有点鄙视教授问这么幼稚的问题。其他听众也有点不明所以。

"错,因为衣服干净的人看见另一个人衣服很脏,以为自己很脏,所以自己跑去洗衣服了。"教授淡淡的回答。提问的学生一头雾水,觉得很没面子。

"又一次,这两个人又从烟囱里掉下来,仍然是一个人的衣服干净,另一个人的衣服脏,你认为这次谁应该去洗衣服?"教授再问。

第五章 解码人性：永远不缺客户的秘密

"衣服干净的那个人去洗。"这一次，学生又抢着回答。

"又错。衣服脏的人觉得上次明明是对方比我干净，人家也去洗了，说明我更脏些。于是这次衣服脏的人去洗了。"教授有点冷笑提问的学生了。

"第三次，这两个人再次掉进了烟囱，大家认为谁去洗呢？"教授又问。

"脏的。""干净的。""两个都去洗。""两个都不去洗。"台下的听众们开始七嘴八舌的议论起来。

"请问大家，有谁见过两个人同时从烟囱里掉下来？有谁看见会是一个人衣服干净，一个人脏？"教授又问。

这时，全场鸦雀无声。

"既然没有人看见过这种现象，那么你们的回答有智慧和站得住脚吗？这就是犹太人经销商法的最高境界。"过了片刻，全场突然爆发出雷鸣般的掌声。

导师箴言

"将别人的思维快速导入你自己的思维中来，你就会占主动和有利地位。那些频频成交的销售能手或是企业家，都具备引领别人思想的能力。在沟通和交流中，先掌握对方的思想和行为动态，你就可以通过自己的方式，轻易调动对方的情绪，从而撼动对方的信念和价值观，令对方做出有利于自己的判断，这将使我们做事更加游刃有余！"

——NLP卓越商业导师 苏学锋

4
占不占便宜不重要，感觉占便宜才重要

❋ 问题困惑

人人都喜欢占便宜，这点不可否认，因为这就是人的本性，所以我们可以利用这种本性达成自己的销售目的。身为企业老板，你知道利用人的本性的方法吗？

♞ NLP总裁智慧系统解码

很多时候，商家在卖不出去产品的时候，都会实行大量降价或者打折。其实这种做法目的是想要消费者感觉自己占便宜了，于是赶紧掏钱买单。但有时候会适得其反，为什么这样说呢？因为这样做不仅会压低利润，更可怕的是，人们还有一种观念，叫作：一分钱一分货。你价格压得越低，消费者可能想的就不是自己占便宜的事儿了，反而怀疑你的产品质量有问题，这对一个长久经营的店是没有什么好处的。要是品牌店，更会自损身价！

消费者爱占便宜是人人皆知的事。但是所有的主动权还是掌

第五章 解码人性：永远不缺客户的秘密

握在卖家手中的。如何让消费者占便宜？用什么样的方式和手段让消费者占便宜？是真的让消费者占到便宜，还是让他们感觉自己占到便宜，卖家只要用对方法，不仅自己不用降低商品价格、减少利润，还能够让顾客心情愉悦地去买单！

♟ 经典故事

有一年，芝加哥举办世界博览会，世界各大厂家都将产品送去陈列。一家赫赫有名的罐头食品公司经理汉斯先生，理所当然要带着自己公司的罐头和食品去参加这次博览会。可是令他失望的是，博览会工作人员只给他安排一个会场中最偏僻的阁楼。

博览会开始以后，前来参观的人络绎不绝，拥挤异常。但是到汉斯先生的小阁楼参观的人却稀稀拉拉，没有几个人。为此，汉斯感到不是滋味，苦苦地思考着。不久，会场中出现了一个新奇的小玩意儿。前来参观的人常常会从地上拾到一些小小的铜牌，上面刻着一行字："拾到这块铜牌，就可以拿它到阁楼上的汉斯食品公司领取纪念品。"

数千块小铜牌陆续在会场上被发现，那些捡到小铜牌的人都觉得自己有便宜可占，于是纷纷跑去阁楼。很快，汉斯那个无人问津的阁楼，便被来人拥得水泄不通，会场的主持人怕阁楼会坍塌，不得不请木匠设计加固。

从那天起，汉斯的阁楼成了博览会的"名胜"，参观者无不争先前往，即使没有捡到铜牌的人，也要去"观光"一番，这种盛况一直持续到闭幕。不用说，汉斯先生的这招是够绝的，这一绝招使他转败为胜，净赚50余万美元，打了一个漂亮的翻身仗。

导师箴言

"即便消费者非常喜欢一件产品,可若是不能从价格上获得便宜的感觉,他们也很难有愉悦的体验。这里的'便宜'不是真正的价格有多低,而是消费者相信他购买的价格已经是非常低,是一种相对的'便宜感觉',从这个层面来说,消费者购买产品时不是'图便宜',而是喜欢'占便宜'。利用好这一点,你就能够实现自己想要的结果!"

——NLP卓越商业导师 苏学锋

第五章 解码人性：永远不缺客户的秘密

5

勾起好奇心，销售就成功一半

✺ 问题困惑

当一个人产生好奇心的时候，他（她）的潜意识是对外敞开的，这和你主动推销产品不同，他（她）是积极主动的，因此这个时候，他（她）就更容易为产品买单。你知道怎样能够引起一个人的好奇吗？

♟ NLP总裁智慧系统解码

好奇心是人类的本性，正因为它的存在，人们才具有突破和挑战意识，去创造那些世界上没有的东西，同样在销售中，如果我们能引起顾客的好奇心，那么他就愿意为你的产品买单，因为对产品的好奇心已经成为他自身的需求了。

每个人都不是天生的富翁，每个人也不是天生就具有赚钱的禀赋，只是因为他们先天的聪明加上后天的勤奋，以及善于观察生活中的点滴，善于从平凡的生活中发现好创意。然后在对的时空角里,充分利用这些创意,促使自己获得成功。

好奇心,也能够成为创意中的一种。利用人性的好奇心,我们可以给自己的产品包装得具有一些神秘感。当人们迫不及待地想要破解这份神秘感的时候,我们已经悄无声息地走进了他(她)的潜意识了。之后,再引导对方就会轻松实现我们想要的结果。

经典故事

有一家饭店的主人叫宗瑞,刚开始开酒店的时候,他的生意很不好,除了几个相熟的朋友来捧场,几乎没有什么新顾客,家人看到这种情况,都担心他继续干下去会赔钱,于是劝他说:"要不然你就把店关了吧,总是老熟人来吃饭也挣不了几个钱。时间久了,咱们说不定还会赔钱呢。"一听这话,他变得更加着急了!

家人说的话有道理,但是要把酒店关了,宗瑞又不甘心。正在苦无办法的时候,他在一本杂志上看到了各式各样的店面宣传广告,一下子激发了他的灵感!从开饭店至今,他除了通知自己身边的熟人,还未曾想过如何为自己的酒店做宣传。

面对街上那些五花八门的广告宣传单,宗瑞根本不想效仿,那样的方式自己都觉得眼花缭乱,肯定起不到什么好的宣传效果。要想做好宣传,就一定要别出心裁,做一些别人不会做的事情才行。思来想去,为了更好地宣传和推销自己的产品,他在大街上建造了一个非常漂亮的小屋,四周打圆孔,挂上一块醒目的大牌子,写着四个醒目的大字:"不许偷看。"

本来被人忽视的小屋,这下子可勾起了往来人们的好奇心,大家都忍不住从小圆孔处偷看。偷看者的眼睛通过小圆孔看到的是"美酒

第五章
解码人性：永远不缺客户的秘密

飘香，请君品尝"的字样，而其鼻子所在的位置，恰好是一瓶敞开盖子香飘四溢的美酒。

当许多人看到后，都会捧腹大笑，他们一笑之后，都为老板的聪明才智所折服，并在潜意识中认为这里的酒必定有与众不同的地方。于是，便信步走进这间酒店里，一饮为快。因此，酒店的生意也日渐兴隆。

导师箴言

"NLP总裁智慧系统课程认为：利用人的好奇心，可以更快地打通对方的潜意识，让对方的思想跟着你走！上面这个事例中，正是'不许偷看！'这四个字成功地利用了人们的好奇心和逆反心理，越是不许看就越好奇、越想看。这一看正合店主的意，这就是成功的独辟蹊径的创意绝招了。"

——NLP卓越商业导师 苏学锋

6
调动老客户积极性，增加转介绍

❋ 问题困惑

为什么在行业遇冷的时候，竞争对手的客户还是源源不断，而你的企业却总是寥寥无几，你知道其中的原因吗？想知道如何让自己的企业客户源源不断吗？

♞ NLP总裁智慧系统解码

有些时候，某些行业的市场会因宏观原因令市场变得不景气，开发新客户成了业务员的难题，这个时候我们可以变换路径，从老客户下手，让他们帮助自己介绍新客户，从而提升自己的业绩。

在任何行业的营销中，老客户转介绍也是销售员获得新客户的重要途径和来源。如何获得老客户转介绍，是业务员不断扩大客户群的关键所在。相对于那些主动开发的新客户，老客户转介绍的新客户具有稳定、积极、认同产品等优势。

第五章 解码人性：永远不缺客户的秘密

通过老客户的转介绍，新客户对产品具有了一定的了解，与此同时，拥有了一定的认同感（对销售员和其所在的公司），因此，在销售产品时，比较容易沟通交流，能及时促成签单，最终成为自己的客户。所以，当新客户开发比较困难的时候，一定别忘了利用老客户的资源，增加他们的转介绍，就可以帮助你快速提升业绩！

经典故事

胡海清是北京一家小型房地产中介公司的老板，近期由于整个行业不景气，加上市场和资源大部分都掌握在大型房地产公司的手里，他手下大部分的业务员已经有好几个月没有开单了，这样下去，他的公司入不敷出，光是业务员每月的底薪，都快周转不过来了。

为了改变眼前的困境，他专门给广东做生意的一个老朋友打了个电话，电话里，他们畅聊许久！这位老朋友凭着自己多年的实践和学习经验，帮他分析了目前中国房地产行业的形式和困境，并且针对他的公司提出了很多的建议，最能帮他解决眼前的问题的一条建议是：充分利用老客户的资源。让他们帮着自己介绍新的客户，并且通过他们介绍客户可以享受内部的中介优惠。

第二天，他就到公司开会，跟业务员说："从今天开始，你们别去费力开发新客户了。要把注意力放在老客户的身上，给他们打一个回访的电话，并且询问一下，他们周围的亲人、邻居、朋友有没有需要买房子的，如果通过他们的介绍过来看房、买房的，可以享受内部七折中介费价格……"

就这样，业务员按照他的话开始了工作。一个月之内，所有的业务员几乎都开单了！这可是市场环境好时都很少出现的景象！并且其中一个业务员，业绩达到了一千万，光是提成就拿到二十几万！为了提高士气，胡海清还另外给他颁发了荣誉奖杯，以示鼓励！

在分享销售心得时，那位业绩最好的业务员说道："只有通过不断的努力，不断提升对客户的服务质量，主动并且及时地为他们提供优质的服务，让他们认同你，相信你，与他们成为好朋友，从而获得客户的转介绍，才能做到轻松营销，轻松签单。"话毕，获得了阵阵掌声！

导师箴言

"对于已经成交的客户，出色的业务员一定会想方设法扩大再销售，以及让客户实现转介绍，其实这是一种借力使力的销售的艺术，它可以产生倍增效应，让销售步入一种良性循环状态，当然想要实现这些，首先你得和老客户建立一个稳固、和谐的关系。能让他们自动自发最好，如果达不到自动自发，你可以提供一些利益跟好处，调动他们的积极性！"

——NLP卓越商业导师 苏学锋

7
价值到位，就有人愿意主动买单

❋ 问题困惑

很多时候，你明明发现眼前的这位消费者对自己的产品很感兴趣，就是不肯下定决心为产品买单，这是为什么呢？

♟ NLP总裁智慧系统解码

消费者购买商品，无非是为了满足自己的需求，而消费者的需求就是商品的价值，当商家的商品满足了他的需求，也就证明商品已产生了价值，价值影响价格。价值的多少决定了价格的多少。当消费者不愿意为你的商品掏钱时，一定是你的商品价值还不够，没有达到他（她）所需，所以你完全可以在和他（她）的沟通中，找到他（她）的需求点，看看商品在什么样的情况下，能够达到他（她）心中的价值点，这样会更有利于你的销售。

在NLP总裁智慧系统课堂上，曾提到这样一句话：价值不到，价格不报！ 为什么这么说呢？当消费者采购一件产品时，挑来挑去，最终下定决心去买它，一定是因为他觉得这个产品有价值。这个价值是精神上的满足也好，是物质上的满足也罢，总之买了它，他觉得很值。于是他愿意掏钱为它买单。

相反，如果消费者觉得眼前的产品，并没有达到他内心的期许，也就是说他认为买它不值得，那么他就不会掏钱买单。消费者觉得越值得的东西，便是他越想要的东西。那么商家即便报出了较高的价格，他还是会愿意买单。在经济学中，价格是价值的货币表现，价格是商品的交换价值。说的就是这个道理！

经典故事

唐朝时期，有一介书生，是个孝子，待人友好，可连续几年考试落榜，心情十分沮丧。一日，他慕名拜见一位德高望重的禅师，并向其诉说了自己内心的苦闷。

禅师听完之后，指了指不远处的一棵梧桐树，示意他将树底下的落叶全捡起来，放进包内，然后背回家去放好，第二天继续。书生不明白禅师的用意，但为了能够得到他的点拨，每天都坚持捡着落叶，直到梧桐树逐渐光秃为止。

这日，老禅师将书生叫到身前，让他背上两袋落叶拿到京城里去卖，并要价十两黄金。禅师还给他两张一样的纸条，嘱咐说其中一张交给买主，能买得起落叶的必定是身份显赫之人。另一张则给书生，但落叶没卖掉前不许看，卖掉之后才能看。禅师反复强调："只有卖掉落叶，你的人生才有可能发生大变化，所以，得坚持。"

书生将信将疑，到了京城之后，他按照禅师的吩咐，在大街上摆开字幅，上面写着几个非常显眼的大字：十两黄金卖落叶。

行人见之，纷纷嘲笑他异想天开，是个傻瓜。书生觉得自己真是丢人现眼，可想到老禅师对他说的话，还是坚持住了。

第五章
解码人性：永远不缺客户的秘密

到了第六天，正在打盹的书生突然被一人推醒："小兄弟，你那袋里果真是装着落叶？为何要卖黄金十两？"书生一看询问之人相貌雍容，旁边还有两个侍从，像是富贵人家的人，于是取出包里的纸条交给那人。那人接过纸条，折开一看，眉头舒展，大悦。问了书生的姓名和住址，说过十日之后一定将十两黄金送上门，然后挥手告别。

书生做梦也没想到，两袋落叶居然真的能卖十两黄金，告别了买主，他立即拆开另一张纸条，想看究竟，上面写着：此叶从成长到凋谢是树四季变化的见证，于人而言，是成败的见证；于国家而言，代表着历史的变迁。若国君能重视落叶，以史为鉴，那必能知兴替，天下必兴旺也。倘真如此，十两黄金不为贵。

原来，老禅师根据新颁布的政策推断，必定会有高官在那段时间出来私访民情。而小小落叶，却蕴涵着人生之理，治国之理，就这一点来说，它便是无价的。

书生握着手中的纸条，无比佩服禅师的神机妙算和用心良苦。回家后立即总结当初落榜的原因，查漏补缺，准备迎接来年的科举考试。在参加考试之前，他便被人邀请进京，当场面试通过，进朝当官。面试官便是那落叶的买主——唐太宗。

导师箴言

"正所谓：一叶知秋，一棵落叶蕴含着四季轮回的道理，满载岁月的痕迹。禅师正是深刻地理解了这个道理，才自信满满地将落叶交给书生，也送给了他一个锦绣前程。落叶本身没有多大价值，是纸条蕴含的道理有价值，并且对于一国之主唐太宗而言，是无价之宝，十两黄金又怎算贵！价值到位，价格自然不在话下！"

——NLP卓越商业导师 苏学锋

8
贴心服务，最能留住客户的心

❀ 问题困惑

为什么你不断开发新的产品，公司的客户不增，反而还越来越少了？你知道这其中的原因吗？这个时候，你应该问一问自己：是否在做好产品的同时，也做好了服务？会不会是因为服务大打折扣，才丧失了人心？

♞ NLP总裁智慧系统解码

有一本书曾经风靡整个图书圈，它叫作《海底捞你学不会》。一般在商界打拼的企业家，都会知道海底捞这个品牌。它凭什么在那么多火锅店里独树一帜？凭的就是你想象不到的服务质量。海底捞的工作人员永远都是面带笑容去工作，他们会把想到的一切为客户服务好：从停车泊位、等位、点菜、中途上洗手间、结账走人等全流程的各个环节，每个环节洋溢着服务的光芒。

第五章
解码人性：永远不缺客户的秘密

人心都是肉长的，你对客户的用心程度如何，客户是能够通过你的语言和行为来感知的，并且他们也会用自己的语言和行为来作为反馈，这就是为什么有的人总是业绩好，而有的人总是业绩平平，智慧的老板一定要在平时多多引导自己的员工，用心去为客户服务！记住：你有多用心，就有多大的结果。

所以，老板不能每天让员工只是按部就班的工作，员工只是按部就班的工作，公司想创造更多的业绩势必很难。员工只有用心工作，才能产生更大的能量和价值，员工怎么进入用心工作的状态，多半在于老板的引导。如果想要员工在对外服务过程中尽心竭力，老板就需要在其内部服务过程中尽心竭力，平时多花时间和员工沟通，让他们多想一些为客户服务的好点子，给他们发表意见和想法的机会，你也可以把自己的想法说出来，一起探讨，引导员工用心服务，员工才能为你创造理想的结果。

♟ 经典故事

一位旅客到北京出差，他对所住酒店的服务员说道："我是第一次来北京，对这儿很不熟。明天想到某某地方办事，可以麻烦您给我买一张地图吗？"服务员说道："当然可以。请您稍等一下，我马上给您拿。"

过了一会儿，服务员拿来一张地图，微笑着说："北京的交通线路比较复杂，我给您说说比较方便的行走路线，好吗？"旅客当然是求之不得。于是，服务员将地图摊放在茶几上，先用铅笔标出酒店所在的位置，再标出客人想去的位置，然后告诉他，哪几路公交车可以到达，并且建议他走一条比较远的路，因为近路红灯多、塞车多，远路比较通畅，用时反而较少。

第二天，这位旅客按照服务员指点的路线坐车，非常顺利。办完事后，他有意从另一条路返回，果然一路上红灯不断，多花了将近一个小时。要是去的时候走这条路，对办事多少会有影响。这个时候，他才意识到服务员提醒自己的价值，于是特意去向她道谢，还在顾客留言簿上写下了好几百字的感谢信。

其实，酒店服务员之所以能做到这些，都是老板之前开会时安排并强调过的。这样贴心的服务，自然能够让客户感受到温馨的暖意！以后如果有需要，自然还会来店里光顾。想要真正留住客户，就要想办法留住他的心。

导师箴言

"老板总是希望自己的员工对顾客的服务能多动脑筋，超出顾客的期望值。但是，所谓的用心服务，又很难量化考核，因为服务人员每天遇到的事情、顾客都千差万别，无法预料，对于这些事情的处理也就无法事前规定，但是老板可以做到的是：把能想到的客户需求提前和员工沟通，让他们做到心中有数。"

——NLP卓越商业导师 苏学锋

9

口碑营销：一种不可忽视的力量

🕸 问题困惑

无论是在淘宝、京东这样的网络购物平台，还是美团、饿了么这样的美食购物平台，我们在消费的时候一定会去看每个店的消费者评价，如果看到差评连连的店，我们肯定不会去消费。这就是口碑的影响力！正因如此，我们自己在经营企业的过程中，才要更加重视口碑。那么，我们该如何把握好口碑营销的力量呢？

♟ NLP总裁智慧系统解码

在互联网时代还未来之前，口碑营销还停留在比较简单的阶段，仅仅只是企业、商家通过朋友、亲戚的相互交流将自己的产品信息或者品牌传播开来。在这个阶段的时候，口碑营销所产生的效应还是十分有限的！但是它带来的益处很明显：1.不费成本，宣传费用低；2.熟人传播，可靠性更强；3.时间、空间不受限制、传播速度快；4.具有亲和力，发掘潜在消费者成功率高。

由于这些独特的优势，企业和商家开始大力推崇这种方式，尤其是在互联网时代来临之后，人们对"口碑营销"开始有了全新的认识。它逐渐演变成了一种必不可少的商业模式。现在的口碑营销，极具目的性：它主要通过调查消费者需求、策划口碑推广计划，让消费者自动传播公司产品和服务的良好评价，从而让人们通过口碑了解产品、加强市场认知度，最终达到企业销售产品和提供服务的目的。

当然，良好的口碑营销，不仅可以吸引消费者来购买产品，更重要的是，它能够成功塑造一个知名的品牌，而品牌是一个企业发展的灵魂，是企业和消费者良性互动的感情纽带。由此可见，口碑营销的力量有多大，它的滚雪球效应，能够为产品创造不少的利润。口碑营销的力量，只要我们运用得好，就会帮助我们自己传播很多东西，所以，如果我们想要宣传活动，或者是宣传某样产品，那么就试着运用口碑营销，让我们为潜在的客户织一张相互联系的网，然后通过他们的口口相传，自然会达到我们想要的目的。

经典故事

"Flying Pie"，你可能不知道这是什么，其实，它只是一个普通的披萨店的名字而已。这家披萨店装潢很普通，它官方网站的设计也是如此，不，应该说，比这还要更差一些。在网站的页面上，你看到那些毫无规则、大大小小的字体的时候，一定会眼花缭乱，可它竟然能做出一流的在线营销方案。

这个营销方案的内容其实很简单：就是Flying Pie会在每天喊出

第五章
解码人性：永远不缺客户的秘密

一个"名字"来，例如2月16日是"Ross"，2月19日是"Joey"，那么喊这个名字到底干什么呢？他们目的是想邀请五个叫这个名字的幸运民众在每天的下午2点到4点或者晚上8点到10点的时间段来到他们Flying Pie的厨房，然后教他们动手制作一个属于他们自己的免费披萨，在做好之后，还会拍照并传到网上。这听起来棒极了，是吧？

这不是一个短期活动，因为接下来的每一周，Flying Pie都会在网站公布新的名单，这样一来，就经常会有人回来看看这个列表，要是看到自己的名字，就会很高兴。当然，看到亲人和朋友的名字，他们一样会很高兴，并会想办法告诉他们。

每一周公布的新名单上的名字不是由Flying Pie自己决定的，而是由每个参加过的人来提出并进行筛选，得票最高的名字就是下一周的幸运名字。这是个聪明的做法，因为参加的人一定会写自己认识的人的名字，这样不就有很多人参加进来了吗？你想一下，当你的一个同事或朋友告诉你，你的名字在上面，于是你很高兴地就过来了。接下来，你就会继续留意这家店上面的信息，你再告诉你身边别的同事或朋友……如此一来，这种传播就会像滚雪球一般，越滚越大，越滚越远，这样一来，大家都会知道，新的客户也就会不断产生。

因为传播得够广泛，一位专栏作家对此产生了兴趣，于是他针对这个案例展开了一些调查，当初他知道Flying Pie披萨店的时候，就是因为他的朋友给他寄了一封信，信里面通知他这家披萨店将在几月几日办"Armando日"，这个作者的名字正是Armando。这位作者看到信后，很是惊讶，于是打电话给自己的那位朋友，问她怎么回事儿啊，她告诉他说："我吃过这家店的披萨，味道还不错，这点名字是一个活动，我每天都会去检查还有哪些新名字，要是有身边朋友的名字，我就会寄信通知他们，哦！这次到了你！"

后来，这位作家问了好多人，可是这些人都说自己被点过名字，可是却没有去制作并领取那个免费的披萨。换句话说，看起来Flying Pie每天只让五个人来参加免费披萨活动，可是大家都很忙，所以实际去的人并不多。但即使那些人不来，也不影响人们每天都关注新名单，并帮忙四处传播"Flying Pie"的乐趣。

导师箴言

"作为企业家一定要知道，想要塑造品牌效应，那么口碑营销是必少不了的！只有良好的口碑形成，才有可能逐渐树立起自身的品牌。并且，在口碑传播的过程中，一定不要忽视产品的独特性。口碑传播的内容将会成为你日后产品的标签。所以，一开始就要对你的产品做好定位和区分，然后再策划口碑营销。"

——NLP卓越商业导师 苏学锋

第五章
解码人性：永远不缺客户的秘密

10

巧借名人效应，帮助自己成交

❋ 问题困惑

为什么别人不费吹灰之力就能够实现自己想要的结果，而你却辛辛苦苦还走在奔赴成功的道路上？成功三要素：借力、借势、借平台！你是否真的懂这其中的法门？

♟ NLP总裁智慧系统解码

一个人要想在事业上获得成功，除了靠自己的努力奋斗外，有时还需要借助他人的力量，才能平步青云或扶摇直上。这就是我们平常所说的：借力。其实，借力表现在各个方面，放在买卖产品中也是如此，只要我们会充分借力，就能够帮助自己实现更多的成交。

在《NLP总裁智慧系统》课程中，曾提到：借力借势借平台！这其中放在最前面的"借力"，就要分为很多种。我们可以借时空角之力，可以借朋友之力，可以借身份之力，还有一种就是特别常见的，借名人之力。在电视中，我们常看见各式各样的广告，都是在借用名人效应：化妆品广告一般都是美女明星，医药类的广告一般都是医学类的专家认证。这就是"投其所好"，让消费者产生信赖心理，从而促成交易。

在如今的社会上，借用名人效应已经十分常见了，对于名人，我们都有崇拜、追逐和更加信赖的心理，老板如果能在商业领域，充分运用名人效应，不仅能够帮自己企业树立形象，卖出更多的产品，还能够帮助自己达成更多想要的结果。

经典故事

古时候，有一个人牵了一匹骏马，经过三天两夜的行走之后终于到达了一个比较热闹的集市。站在集市最中心的位置，他开始进行叫卖，可没想到的是接连等了三个早晨，却没有一个人上前来询问马的价格，这让他感到十分头疼。

这该怎么办呢？如果不能把马卖出去，自己和家人下个月就没有饭吃了。思来想去，他觉得如果找一个会识马的伯乐，让他帮助自己来卖这匹马的话，那么这匹马不但会卖出去，而且还能够卖到一个好价钱。

确定了自己的想法后，第二天他就去拜见了伯乐，并对伯乐说："我有一匹骏马想卖掉，可是在市场上站了三个早晨都没有人问，我希望你能围着马转一圈，临走时再返回头看看，装出恋恋不舍的样子。我愿意付给您十两白银。"

伯乐很高兴地答应了。到了集市上，伯乐围着那个人的马转了一圈，临走时，又深情地回过头看了这匹马一眼，顿时，市场上想要买马的人都围了过来。一个早晨，这匹马的价格便提高了十倍！

第五章
解码人性：永远不缺客户的秘密

导师箴言

"这个卖马的人的做法就是一种'借誉术'，即借名人、行家的身份地位，提高商品知名度。这是利用消费者对名人或行家信赖感比较高的心理，从而促成交易的一种手段。因此，在生活中，企业家可以多多利用这种名人效应，给自己的产品打一个绝好的广告。这种方式比枯燥的口头宣传更有说服力！"

——NLP卓越商业导师 苏学锋

11

运用"黑白配"策略，助你顺利成交

❋ 问题困惑

很多人觉得自己口才很好，在谈判中可以滔滔不绝，但是最后，却没有实现理想中的成交效果。凡事以结果为导向，没有结果的谈判那叫浪费口舌。所以，大家要记住，光会说没有用，必须有效果才行，想要有效果，就要懂策略……谈判中最常用的"黑脸"与"白脸"策略，你运用过吗？如果运用过，你掌握到其中的精髓了吗？

♟ NLP总裁智慧系统解码

人生就如一个大舞台，谈判亦如此，谈判双方在这个舞台上分别扮演着不同的角色。既然是演戏，就少不了黑脸和白脸之人。若想要演好这出戏，黑脸与白脸应该相互配合，成为舞台的主宰。

"白脸"和"黑脸"的谈判策略，必须要有两名谈判者，两

解码人性：永远不缺客户的秘密

名谈判者不可以一同出席第一回合的谈判。两人一块儿出席，若是其中一人给对方留下了不良的印象，必然会影响其对另一人的观感，这对第二回合的谈判来说，是十分不利的。

通常，第一位谈判者唱的必须是"黑脸"，他的作用在于让对方感觉：碰到这样的谈判对手真倒霉！这个人脾气真大，不好沟通！如此一来，在谈判这件事上，对方心理设定的难度就会上升到一定的高度。而第二位谈判者唱的自然是"白脸"，也就是扮演"和平天使"的角色，使对方产生了"总算松了一口气"的感觉。就这样，二者交替出现，轮番上阵，直到谈判达到目的为止。

NLP总裁智慧系统认为：在谈判中，只要抓对方的心理，唱好"黑白脸"的大戏，就能够达成自己想要的谈判结果。如果这场谈判，对方压根没有在意，处在一种可谈可不谈的状态，那么"黑白脸"搭配再好也无用，所以在实施策略前，一定要想法设法确定对方的态度，知己知彼，方能百战不殆。

经典故事

苏军在江苏一家房地产公司担任总裁时，有一家分店一直在赔钱。那家分店当时大约开张了一年时间，当时公司与房东签订的租约是两年，也就是说，即便是赔钱，公司还要继续租一年时间。可无论如何努力，他都没办法增加这家分店的收入，也没办法减少它的开支。当时最大的问题就是租金。按照合约，租金是每月5500元，这项开销几乎耗尽了这家分店的全部利润。

一天，苏军给房东打电话，向他解释了情况，希望他能够把房租降到每月4500元，这样我们还可以有些薄利。房东回答道："合约规定，你们公司要租两年，我也没办法。"他用尽了自己所知道的各种谈判策略,还是没能让房东改变主意,似乎只能认命了。

最后,苏军决定尝试使用白脸、黑脸策略,同时还要在时间上给对方施加压力。几个星期之后,他特意大清早给房东打了个电话:"我想说,关于租约的问题,我同意你的观点,也很清楚地知道我们签了两年的租约,到现在还有一年时间,毫无疑问,我们必须按租约办事。可现在出了点问题。再过半个小时我就要和董事会碰面了,他们想让我问你是否愿意把租金减少到4500元。如果你不答应,他们就会让我关掉这家分店。"

房东立刻表示抗议:"那样我会把你们告上法庭。""我知道,我完全同意你的做法。"苏军说,"而且我也完全支持你。可问题是,我必须向董事会交差。如果你威胁说要起诉,他们就会说,'好吧,让他告吧,即使他起诉,恐怕也得折腾个大半年的。'"从房东的反应看来,白脸、黑脸策略立即产生了效果。只听房东说道:"你愿意和他们好好商谈一下吗?其实,我可以把价格降低一点,就5000元吧,要是他们还是不能接受的话,4500元也可以。"就这样,苏军把房租的事情轻松搞定了。

导师箴言

"'白脸'与'黑脸'战术的最终效果,其实要看第一位谈判者与第二位谈判者的'起承转合'是否到位。第二位谈判者要学会充分利用对方对第一位谈判者所产生的不良印象,继续其'起承转合'的工作,让对方感觉还有继续下去的可能。'黑白脸'的相互配合,可以有效减少谈判中的对抗情绪,当然,又能恰到好处地给对方施压,以此提出对自己有利的条件,最终达成自己想要的结果。"

——NLP卓越商业导师 苏学锋

导师语录

★顾客要的不一定是真的便宜,而是感觉自己占了便宜。

★千万不要与顾客争论价格,要与顾客讨论价值,只要感觉价值到位,自然会掏钱买单。

★顾客是企业的上帝,没有不对的客户,只有不够好的服务,只要你的态度够专业,服务无可挑剔,顾客就找不到说"不"的理由。

★卖什么产品并不重要,重要的是看你怎么去卖,世上没有卖不出的产品,只有卖不出产品的人。

★你服务客户的级别,决定了你的实力;你竞争对手的级别,决定了你的表现。

★真正的销售高手,在沟通中都擅长提问,因为问得越多,了解得就越多,学会从对方大脑中探测自己想要的讯息,成交就变得轻而易举。

★懂得运用换框思维,让客户在你所设下的框架中找到他想要的好处,买单就是顺便的事。

★你给的,并不见得是客户想要的;但是客户想要的,他一定会愿意掏钱买单。

★客户买的不是产品,而是产品背后的功能。例如:客户想买的不是一款面膜,而是用完面膜后水嫩嫩的肌肤。

★客户抗拒的原因,往往就是成交他的理由。

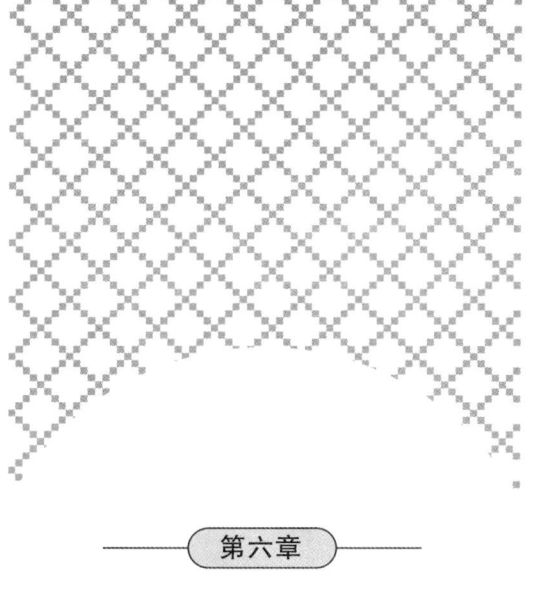

第六章

广告营销：
让消费者与你产生链接

有句话说得好：无广告，不营销。如今这个时代，是一个信息爆炸的时代，也是一个广告横行的时代！没有一个企业，不去为自身的产品而做广告。只有把广告做对了、做好了，才能帮助自己的企业和消费者产生正确的链接，从而扩大自己的产品市场以及提高企业的交易额。

——NLP卓越商业导师　苏学锋

第六章 广告营销：让消费者与你产生链接

1 赠送促销券，实现线上精准引流

问题困惑

阿里巴巴董事局主席马云说：未来五个新的行业会冲击很多传统行业，这五个新行业指的就是新零售、新制度、新金融、新技术、新资源。尤其新零售将是又一次的商业革命，未来没有电子商务一说，只有新零售一说。新零售最大的特点是什么？最大的特点可能就是线上线下相融合，线上精准引流，线下极致体验，如此将开启新零售的美好明天。

NLP总裁智慧系统解码

面对市场中同行的竞争，很多企业都束手无策，找不到很好的应对办法，尤其是对于新开的企业，开发客户就是一个最大的难题！这个时候，其实我们走一个常规的方法与策略就可以，前提是我们必须准备到位，这样才能实现精准引流，挖掘客户，并成交客户的效果。这个方法就是：运用促销券！

使用优惠券促销活动方案，在商海中太常见了，这种方法不仅可以提升企业的销量，更能扩大企业的知名度。单一使用促销

券，可能让消费者产生一次性消费，但是如果想要客户长期在自己企业消费，就要学会留下客户的数据和培养客户的购买习惯，怎么做呢？打造一款属于自己企业的APP就可以帮你做到。一款APP加上促销券推广，可以帮你实现精准的线上引流。

经典故事

一家新开的药店，想要推广自己店内的药品，但是等着客户主动去店里不仅太缓慢，而且很多客户并不知道药店的存在。那么，该怎么做呢？药店的老板陷入了深思。最终他决定为了绑定客户的"使用习惯"，他想要线上引流。

想要实现线上引流，线下的功课必须做好，首先要打造一款自己药店的APP，其次就是走商圈，他要让药店附近的住户都知道自己药店的存在，于是他印刷了一批促销宣传单。上面罗列出了消费者平时都能用到的常用药：感冒灵、西瓜霜含片、金嗓子喉宝、维生素含片、维生素E乳、一次性牙签等，并且都压低在1~3元钱之间。然后，派工作人员到附近的商厦和办公大厦去发促销单。

很多人在拿到这个促销单之后，都立刻扫描了上面的二维码，下载了药店的APP，占便宜的心理促使他们注册并购买了促销产品。虽然此次促销赔了一些钱，但是后来的几个月里，消费者在APP上下单的数量和金额，让他们大赚了一笔，不仅如此，下载APP的数量也在持续增加着。

导师箴言

"这个世上没有做不到，只有想不到，竞争对手比你赚的钱要多，肯定是他想到了什么快捷有力的方式和方法！广告形式有很多，反反复复也就那么几个，但是如果你能动脑筋将这些广告形式玩到极致，你就能实现意想不到的结果！"

——NLP卓越商业导师 苏学锋

第六章 广告营销：让消费者与你产生链接

2

举办新闻发布会，利用媒体一炮打响

❋ 问题困惑

新产品面世，如何快速走进全国消费者的视野？想获得极大的曝光率和十足的品牌效应，什么方法才能帮助你实现这个目标？

♟ NLP总裁智慧系统解码

现今，新闻发布会已经十分常见。作为联络、协调与客户之间的相互关系的一种重要手段，新闻发布会必须要引起足够多的重视。做好一场新闻发布会，不仅可以帮助自己的企业扩大知名度，塑造品牌影响力，对企业未来的销售有着很大的影响。

在活动开始前，我们可以先进行发布会的预热。怎么做呢？就是联系一些本地知名报纸媒体，或是一些新媒体大咖，让他们针对此次新闻发布会的主题进行一些新闻报道，塑造公司的品牌形象，提高在市场上的知名度和投资者对其好感度，并为本次新闻发布会造势。

此外，新闻发布会要举办得成功，必须要预订到一个合适的场地才行。我们都知道，穿着不合脚的鞋子走路肯定是走不快的，所以具体要开什么类型的新闻发布会，选择什么样的发布会场地，必须要提前确定。如果实在不了解场地预订方面的问题，可以通过咨询一些专业的会议场地预订人员来了解。

经典故事

一个年轻的导演，用半年的时间，拍摄了一部网络大电影，准备和一些视频平台合作，为了给自己的电影进行宣传、造势，他和一些门户网站的记者打好了招呼，准备在11月份召开一场电影上映的发布会。借助这次发布会，他邀请了一些网红界的明星，为自己站台，并且邀请电影所有的主演来到了现场，和观众进行分享、互动。

为了吸引更多的观众来到现场，他决定通过关注微博和微信公众号的形式来赠送免费的门票，最终为这场新闻发布会吸引到近200位观众。在新闻发布会的现场，这位年轻的导演和观众分享了自己一路的创作历程，也提前给他们设置了一些电影中的悬疑点，吊足了观众的胃口。

网红明星的出席，给观众带来了与众不同的表演。除此之外，他们还利用现场直播的形式，吸引了很多的粉丝关注，并且现场采取抽奖的形式，给观众送去一些福利，得奖的观众需要转发朋友圈，而没有得奖的观众也可以发朋友圈，参与红包送礼活动。此外，通过媒体新闻的曝光，很多网民也都知道了这部网络电影。在和视频平台合作之后，取得了过亿的点击量，后续一些小众品牌来寻合作，让这位年轻导演挣了不少的钱。

第六章 广告营销：让消费者与你产生链接

> **导师箴言**

"铺天盖地的媒体报道，所具备的能量是巨大的，在如今这个互联网的时代里，可能帮助我们一天之内就完成覆盖全国的曝光，实现'一炮打响'的目的！充分运用好媒体效应，可以让我们快速进入大众的视野。"

——NLP卓越商业导师 苏学锋

3
开办展览会，邀约准客户

❀ 问题困惑

很多时候，电话销售仅仅是获得客户的一个开端，如何找到一个合适的机会，与公司的潜在客户进行沟通，并且实现成交呢？

♞ NLP总裁智慧系统解码

展览会是企业常用的一种吸引潜在客户的营销方式。通过展览会，不仅会让销售人员在短时间内接触到大量的潜在客户，实现当场成交，而且可以获得相关的关键信息，对于重点意向的客户也可以作重点说明，约好拜访时间，实现后期成交。

有句话说得好：不打无准备之仗。展览会之前的准备，对销售人员而言是十分重要的，一定要设计好客户存在的问题和应答策略，以免到时候回答不上来，让对方质疑不够专业，从而影响后期成交。

此外，在展览会上，公司销售人员在和潜在客户沟通时，一定要学会记录信息，尤其是对意向较大的重要客户；其次对产品

第六章 广告营销：让消费者与你产生链接

的介绍要简洁明了，并迅速提问来判断对方是否具备潜在客户的条件和是否感兴趣。只有锁定那些真正有意向的潜在客户，才能不浪费时间，从而实现更多的成交。

经典故事

一个印刷机械行业的老板，每个月都在为公司的业绩而发愁，一个偶然的机会，他参加了一个行业交流会，他询问别人说："现在公司年底正在冲业绩，我要怎么才能获得在印刷机械行业的潜在客户呢？"

别人告诉他："今年5月份，我在北京举办了一个生物科技产品展览会，我在这个展览会上，发掘了很多的潜在客户，当天的产品成交额就已经达到了上百万，会后通过客服的跟踪和服务，还在不断地成交中，你看，只需要你办一个好的展览会，你就会得到这个行业的几乎最有价值的那部分潜在客户。"

听了这位朋友的话，他回到公司里，立刻让企划部和市场部联合起来筹划企业产品展览会，并将公司所有参加活动的产品进行严格的分类，想要大力促销的产品，都会参加现场的"嗨购"活动。经过合理的策划和安排，这场产品促销展览会举办得十分成功！当月的销售额度比上个月增加了近三倍。

导师箴言

"想要展会营销达到预期的效果，就必须设计好一个周密且对路的计划、出奇制胜的推广模式，在人员安排上，要科学的分工、严谨的执行，这样才能真正调动潜在客户，从而实现真正的买单成交。"

——NLP卓越商业导师 苏学锋

4

氛围营销：一个最"有感觉"的广告

❋ 问题困惑

装修房子时，室内设计师会给房间设计氛围灯；汽车设计师会给车内设计氛围灯；为什么？目的在于给房子车子的主人制造一个有感觉的空间。做营销也一样，我们也要给客户制造一个因产品或服务带给客户的美好感觉，或惊喜、或惊艳、或温馨、或尊荣……

♜ NLP总裁智慧系统解码

人归根结底还是感性的，正是因为这个特质，所以外界给予的各种刺激，才能够充分在人身上体现出来，人很容易受到环境的影响，利用这一点，在销售中我们便可以采用一种策略，它叫作：氛围营销。

简单来讲，氛围营销就是利用商场内所打造出来的环境和气氛，来影响消费者的视觉、听觉和感觉，让他们处在这样一个便

第六章
广告营销：让消费者与你产生链接

于沟通的环境中，自动自发地产生一系列购买产品的欲望以及决定购买的心理变化和行为。

据一项专业调查显示：消费者来到商场内购物，有70%的人群最初并没有目的性，购买行为都是在商场内决定的！在外界的影响和冲击下，冲动型消费占了很大一部分比例。由此可见：为自己的产品打造一个良好的销售氛围，具有很大的作用跟意义！

根据各大节日，各行各业商家们的营销手法，已经变得层出不穷，但无论怎么变，氛围营销始终被包含在其中。迎合节日气氛是好事，但是必须要懂得独树一帜，大众化的氛围营销，消费者已经产生了免疫力，是不会受到影响而为你的产品买单的。

♟ 经典故事

温妮拥有一家运行良好的食品店。她作为特许经销代理加入了一家连锁商店，并定期对自己的员工进行健康和销售问题方面的培训。她与自己的商店同呼吸、共命运。她是一个精力充沛、乐观自信的人，懂得如何生活并获得乐趣。

她具有女人特有的远见。她及时地预料到，特许加盟提供的优惠条件几年后将会减少，而这项工作也许会变得有点无聊。这些因素已经足以让她开始寻找其他出路。

她满腔热情地设计出一个别出心裁的居家用品店布置方案，用烛光、香气和室内装饰烘托高雅的咖啡品种和精美的小吃。在一座火红的壁炉前营造出一种特殊的气氛。"让顾客用所有的感觉去购物，"她如此评价道，"成为一家令人乐于光顾并且流连忘返的商店。"

地段良好的最佳店面刚刚空出来，温妮便果断地采取了行动。"本来我还想要花一些时间来酝酿自己的方案，但好机会不容错

过！"经过一年时间的艰苦规划和布置，商店开业时顾客盈门，顾客对店面不同凡响的创意和壁炉前的居家情调赞不绝口。

导师箴言

"想要运用好氛围营销，不只要注意店内环境的布局跟摆设是否符合最初策划的主题，在服务人员的布置、安排上也必须要留心，因为服务人员的态度也是氛围营销中不可忽视的一环！自然环境和人文环境的有机结合，才能让消费者更满意。"

——NLP卓越商业导师 苏学锋

5

异业合作，达成战略联盟

❀ 问题困惑

为什么竞争对手似乎没花什么大力气，就获得源源不断地客户流量？到底是什么原因，能让你的成功事半功倍？你想知道怎样去做吗？

♟ NLP总裁智慧系统解码

一般来讲，异业合作是指两个或两个以上的不同行业的企业通过分享市场营销中的资源，降低成本、提高效率、增强市场竞争力的一种营销策略。"异业"是与"同业"相对应的概念，代表不同行业。因此，异业合作的核心包括两方面，其一是营销主体为不同行业的企业；其二是以合作的方式进行营销。

麦肯锡的研究表明，在全世界最强势的300个品牌中，有40%多在进行异业合作。异业合作最大的好处在于共享资源，合作双方在不另增成本的前提下，可有效提升资源的利用价值与营销效率，共享渠道，并共同进行品牌传播，从而使合作双方共同受益。

企业在制定"异业联盟"营销策略时，一定要从以下几个维度考虑：一是品牌的互补性；二是产品的互补性；三是渠道的互补性。只有这三种原则基本达到，"异业联盟"推广方式才能产生实际效果。

经典故事

2005年4月，可口可乐（中国）与第九城市在上海签署了跨领域推广《魔兽世界》的协议，开创饮料公司联手网游公司的先河，一时间全国大中城市的网吧呈现出可口可乐"一片红"的视觉大冲击景象，后来娃哈哈、百事可乐等饮料企业的跟进模仿与果断出击，才平息了网友们胃口上的抗议。

可口可乐和第九城市利用了双方的目标消费群体一致，看准游戏玩乐者的消费习惯进行异业营销，真正实现了双赢的目的。

在2005年的营销版图中，可口可乐的"网游"模式无疑成为当年最成功的异业营销案例。"饮料＋网游"这一跨行业合作营销模式在带来新的消费群拓展模式的同时，也进一步强化并开启了行业巨头之间的"异同合作、共生营销"的"商业圣经"。

导师箴言

"异业整合不同于广告业的业务合作，而是基于合作各方的长期互助，不是短期的利益上的往来，而是需要在各方之间的战略规划、营销策略、市场调研、产品研发、内部管理、企业文化等多层面上谋求长远性的互补与发展，而且必须在消费者的利益最大化中实现各自的利益最大化。"

——NLP卓越商业导师 苏学锋

6

新媒体推广，适当与大咖进行合作

❉ 问题困惑

这个时代，你认为是传统媒体玩得比较转？还是当下的新媒体呢？如果你一直排斥新媒体推广的形式，那么你就OUT了！

♞ NLP总裁智慧系统解码

现在提到"新媒体"的概念，大家已然不陌生。互联网的兴起，也带动了新媒体的产生。目前，主要的新媒体平台有：门户网站、搜索引擎、微博、微信、SNS、博客、播客、BBS、RSS、WIKI、手机、移动设备、APP等。这其中，腾讯旗下的微信公众号、新浪的热门微博，合起来被大家称之为"双V"！它们是目前企业和大众最常用的新媒体推广形式。

相对于报纸、广播、电视、杂志四大传统意义上的媒体，被形象地称为"第五媒体"的新媒体具有传播速度快、范围广、接受性强等特点。正是因为具备这样的优势，新媒体便成为了企业营销不可忽略的重要关口，找一些具有名气的新媒体大咖去合

作，不仅可以提高企业产品及品牌的曝光率，同时还有可能被各大网站转载，如果内容优秀甚至会进行大量二次传播进行持续引流。

经典故事

上海一家美容企业，生产了一个专业祛痘的产品，为了将这款产品更快地进入到消费者的视野，这家公司的总监决定和当下微博美容领域最火的大V来进行合作，通过微博多图活动推广、视频教学、以及微博文章等多种形式来进行传播。

微博大V自身拥有百万级的粉丝数量，外加活动的新颖性和独特性更是引起大量粉丝的关注与互动，尤其是视频教学：教大家如何去进行皮肤保养，如何让粗糙的皮肤变得光滑水润，如何让黑色的皮肤变白，如何让自己看起来显得更精神、更年轻……这些简短的小视频获得了众多粉丝的一致好评。

通过微博的粉丝效应，这款祛痘产品还没有上市，就引起了大家的关注！大量的粉丝通过特定的链接渠道来进行产品的预定，这样的广告效果已经超过了公司总监的预期。自那之后，他们公司签约了固定的大V，并且自己的公司也开始走上了新媒体运营的道路。

导师箴言

"在如今这个互联网笼罩下，信息流遍布的时代里，新媒体的移动化属性及碎片化覆盖具有天然优势，想要快速让自己的产品走进消费者的视野，选择新媒体传播是最佳的途径，新媒体主要的就是内容输出，它最直接解决的就是对你的潜在用户说什么的问题。"

——NLP卓越商业导师 苏学锋

7

免费策略，占有终端者就是赢家

❋ 问题困惑

如何让企业的产品，在短时间内实现众多的消费者的体验？用什么样的方法，让企业快速地占有市场的终端？

♞ NLP总裁智慧系统解码

免费策略是一种影响力很强的策略。为什么这么说呢？因为它极大降低了消费者的购买风险，使其能有尝试新产品的欲望，从而拉动消费。提到"免费"二字，所有人都会联想到占便宜，没有人会拒绝占便宜，这也就证明了免费策略十分得人喜爱，因此它具有一股强大的生命力。

如今腾讯之所以能够成为互联网三巨头之一，就是因为它一开始就使用了免费的策略，当年的腾讯QQ就是通过免费的形式来聚集人群，之后再通过各种衍生的服务和产品来挣钱，而当初雷军通过小米手机建立的米聊，也是败给了腾讯这个强大的免费系统，虽然微信比米聊要晚几个月，但是微信直接把QQ的用户给复制过来了，这强大的人群，直接碾压了米聊。

记住：所有的免费策略营销，都是为日后盈利打基础。用免费的东西获得用户，是一种赔钱的行为，所以必然要在其他地方赚回来。总之，在使用"免费"策略的时候，一定要结合自身发展情况去分析，并且采取合理有效的行销策略，做到趋利避害，这样才能真正实现你所想要的结果。

经典故事

原来在市场上有一个很不起眼的香烟品牌，叫作：万事发香烟。市场知名度极低，为了扩大市场知名度，公司首先请专家和医生检验、讨论香烟，用这种讨论的形式来证明万事发香烟所含尼古丁少且质量优良，并通过媒体将讨论结果公布于众。

其次，公司精心选择赠送对象，最后将赠送对象确定为一些著名医生、律师、作家、艺人明星、高级职员等一些有社会地位的人，每月邮寄或直接送上香烟，声明是免费试抽，如果感到不够，还可免费索要。

几个月后，就给这些受赠者寄上表格，征求他们对万事发香烟的评价和意见，之后又继续赠送两三个月，就停止免费赠送。这时，这些烟民大多已习惯了抽"万事发"香烟，只好自己掏钱买"万事发"烟抽，又由于公司一开始选择的是有身份和地位的人为主销对象，也就在他们周围人心中留下了抽"万事发"香烟人，都是有社会地位和身份的人。

万事发公司借用香烟所含尼古丁少这一独特卖点，借用抽万事发香烟的人都是社会名流而大做营销文章，万事发香烟大行利市，迅

第六章 广告营销:让消费者与你产生链接

速打开市场,销售猛增,免费赠送的成本很快就回来了。

导师箴言

"在市场上,那些采用免费策略的产品,通常都是利用产品成长推动占领市场,从而帮助企业通过其他渠道获取收益,为未来市场发展打下基础。这种策略如果运用得当,便可以成为企业的一把营销利器。"

——NLP卓越商业导师 苏学锋

8

大数据时代，快速获取准客户清单

问题困惑

为什么我们花了大量的时间去地推却没有成效？怎样去做，才能让开发新客户变得轻而易举？而且更容易成交？

NLP总裁智慧系统解码

如今不管是什么行业，都在通过各种渠道进行用户的大数据收集。无论是线上，还是线下的消费者，企业在内部都会进行一个合理的分类，并且对他们的购买习惯和兴趣标签进行合理分析，以便日后给他们推荐同一类型的产品或是服务。这种数据分析，不仅加大了企业对用户的了解程度，更为日后的发展奠定了数据基础。

自身拥有大数据是留存客户和为潜在客户提供产品和服务的最佳方式！但是，这仅仅是一个开端，当你想要发掘更多的新客户时，那么和相关的企业合作，因为他们大数据背后的客户清

广告营销：让消费者与你产生链接

单，能让你事半功倍！很多企业忽略了这一点，只懂得自己努力去开源，结果是销售人员累个半死，开发新客户的速度和数量也不能达到理想的效果。

经典故事

陈楠开了一家中小学生培训机构，专门来给中小学生进行课后辅导，一开始他没有客户，便开始印一些培训传单到学校门口分发，但是效果并不理想，有的时候还会因为打扰到学生，经常被学校的门卫大爷驱逐。

后来，他想到一个绝妙的方法：他决定和学校附近以及市内的大型书店合作，只要是有学生或是学生家长来买一些课程辅导书以及习题时，书店只要告诉他们只要花两元钱就可以买下一次免费试听的课程卡。所给的这两元钱归书店所有，之后，学生可以根据卡上的电话和地址和陈楠取得联系，也可以在书店留下自己的姓名和电话。

这个策略实施之后，很多买书的学生都花了两块钱买了这个免费试听课程卡，而这些去试听的学生中，有90%的人报了名。而那些没有购买免费课程卡的学生，也都知道了陈楠的培训机构。很快，陈楠的中小学生培训机构就在市内各大学校里火了起来。

导师箴言

"现今这个时代，大数据对我们而言十分重要，很多客户都是源于大数据引流清单，当然你可以结合另一个策略，就是异业联盟，你们之间如果有共同之处，可以实现相互引流的目的，那么既可以节约成本，又能够实现双赢，何乐而不为呢？"

——NLP卓越商业导师 苏学锋

9
举办研讨会,提高消费者的认知

问题困惑

很多时候,面对消费者行外话的刁难,我们就会显得很被动,也不知道该如何作答,这个时候你想过该怎么做吗?

NLP总裁智慧系统解码

有句话,我们一直很遵从,那就是:顾客是上帝!正是因为这样,只要客户一进门,我们就把他们当做上帝一样对待着、服务着。所以有的时候,他们在不懂行情的情形下,拿出一些很不专业的问题对我们进行刁难,我们会变得无所适从。

其实,想要客户真正理解我们很容易,我们首先要让客户变成自己人。当我们以"老师"的身份,去引导他们、"教育"他们的时候,他们就更加容易接受我们。那么该在怎样的场合中,去引导他们更为合适呢?我们可以举办一些具有实际意义的研讨会,在研讨会上我们不仅可以和他们分享产品知识,更能让他们

第六章
广告营销：让消费者与你产生链接

快速加入到我们的阵营中来，这时成交就变成了顺便的事。

经典故事

一家保健品公司，为了大力宣传自己旗下的新产品，于是便召开了一个全国保健品的研讨会，并邀请了十位业内相关的专家，还有一些老客户和意向客户。会议那天，十位来自全国的保健品行业专家学者齐聚会议酒店，围绕2018年保健品产品研发展开热烈讨论，作为主办方的保健品公司，展现了自己的几款新产品，并针对产品的性能和国内外市场与专家学者展开了深入交流。

在研讨会上，十位专家学者在研讨会上对保健食品相关的新政策法规进行了详尽的解读，分别对保健食品注册与备案管理的变化、保健食品注册技术审评的变化、保健食品命名规定、保健食品注册申请案例分析等方面进行了解读，并结合保健品公司目前的发展情况进行详细的讨论与交流。除此之外，他们还对保健食品市场的变化、2018年产品研发的方向、保健产品配料组合的科学性、配料配比的合理性、剂型选择的可行性、生产工艺的安全性、产品命名的规范性等多个方面进行了深入的讨论，并提出专业指导意见。

在消费者互动环节，针对消费者不懂的问题，专家们进行了一一的解答。而有关保健品公司的新产品情况，消费者也做了详细的了解。当天，决定下单购买的客户就达到五十人之多，老客户复购率也增加了8%。

导师箴言

"一些具有权威的研讨会，会让客户认为我们很专业、很正式。在研讨会上，我们可以尽情发挥自己的专业才能，这是向客

户展现的最佳时机。当客户也从一个外行人，变成一个内行人的时候，他对你就不会有那么多的疑问，你们之间的沟通也就会更近一步。"

——NLP卓越商业导师 苏学锋

10

广告迎合时空角，消费者才会买账

❀ 问题困惑

很多时候，消费者为什么会觉得你的产品变得"老气"了，或是你的产品不受关注了？其实这都是因为广告在作祟！你知道吗？

♟ NLP总裁智慧系统解码

广告除了形式的不同，还有就是卖点的不同。有的广告走的套路是质量、有的广告走的套路是情怀。但不管是哪一种，都无法拉长广告的时效性。广告的更新迭代的速度是很快的，因为在这个快节奏的社会中，人们每一天关注的焦点都在发生变化。我们想做出好的广告效应，那么必须要跟上的一点就是：速度！

有句话说得好：一个时代有一个时代的烙印，每一个广告都是迎合当下消费者的喜好而制作出来的。因此，我们要懂得随着时空角的变化而变化，不断更新产品和品牌的广告形式和内容，只有这样，才不会被时代所淘汰，才能够真正释放出广告的能量，吸引消费者的关注，并实现真正的推广。

经典故事

肯德基(KFC)作为跨国连锁的世界顶级速食品餐厅，根据经营理念不断推出新的产品，以及新的广告，为的就是更快速地瞄准消费人群，以及融入到中国这个大环境。因此，你会发现：肯德基很多广告都带有一些中国元素，只为博得中国消费者的喜爱。

2013年，肯德基在提倡快速美食同时，更加关注人们早餐生活的品质，关注早餐饮食健康的重要性，推出爱心"活力早餐新品"，主要针对年轻上班群及学生群，倡导早餐品健康搭配的营养概念，同时以美味价廉赢得人们的喜爱，此阶段营销将助力主打健康"活力早餐"新概念。

此次营销不是简单的美食推送，而是提倡肯德基所基于的人性关爱，在倡导美食的健康理念的同时，也能够大大提升品牌和产品的口碑度。"活力早餐"新品的推出，进一步优化肯德基早餐类产品线的同时，更加稳固肯德基在行业市场内的地位。

不仅如此，肯德基还与正点闹钟APP进行软性品牌植入合作，直接覆盖手机端的肯德基用户群，直击用户实现精准营销，更容易让用户接纳和提高肯德基品牌的口碑度。

导师箴言

"广告只有迎合了时空角，才能被现在的消费者所接受。如果你的产品打算一直用一个广告，那么它的口碑会被无限消耗，直到人们不再关注和购买。所以，想让自己的产品成为常销品，就要不断去更新你的广告！"

——NLP卓越商业导师 苏学锋

第六章 广告营销：让消费者与你产生链接

11
投放广告要精准，贪图便宜没有效果

❋ 问题困惑

为什么和很多广告平台去合作，但却没有做出效果，白白浪费了很多钱？是广告平台真的没有作用吗？还是你选错了方式？

♗ NLP总裁智慧系统解码

在商海中，看过太多的企业在投广告的时候，喜欢狂轰滥炸，或"多管齐下"，即通过电视、报纸、互联网等多种媒介对同一则广告密集投放，企图达到"1+1+1>3"的效果。因为他们总是这样想：广告投放选择的媒介越多、投放的频次越多，广告效果就与投入的费用成正比。其实结果未必这样。

在这个变化迅速的时代里，云计算、大数据、新技术的发展变革与产业升级，给互联网和移动互联网的企业带来巨大技术支持，进而带来巨大的广告红利。基于互联网、移动终端的大数据精准营销给企业带来更多营销机会。如何利用大数据判断客户画像、精准找到目标用户群、发掘用户需求从而形成强有力的营销方案是企业提高业绩的刚需。

在选择投放广告之前，一定要看准了哪种方式适合企业，做一个精准的定位，而且要对潜在的客户进行一次合理的分析。精准地细分市场、精准地了解消费者需求、精准地定位目标消费者和精准地信息沟通，才能增大曝光率、增强企业网站的流量，并且实现网络客户的截留，进而可以在宣传和市场开拓方面减少开支，最终带来效益。

经典故事

广西有一家互联网理财综合性服务平台，凭借优异的综合实力及专业服务能力，在众多的金融财富管理服务机构中以佼佼者的姿势出现。与此同时，随着互联网金融服务机构的遍地开花，消费金融的崛起，这家在线金融平台也面临着竞争对手的市场争夺压力。

所以，此时如何低成本的获取新客户，维护老客户也是紧急重要的任务。他们通过比对，找到了一家广告投放平台，通过大数据分析之后，他们把潜在用户年龄设置为25岁～45岁，本科以及以上学历的优质商务人群、财经人群、理财人群、年轻消费者。男性70%，女性30%。

有了精准的定位之后，广告开始进入了正式的投放期，最后通过两个月的时间，在线购买金融产品的人数增加了近百人，不仅轻松实现了效果导向，ROI超过了业内平均水平，更通过持续的活动，让客户聚集，增强了和客户之间的粘性！

第六章
广告营销:让消费者与你产生链接

导师箴言

"企业对未来对市场的争夺就是对客户资源的争夺,广告服务商如果能够有效利用自己手中大量的及时大数据资源,充分运用各种数据挖掘分析技术实现精准化的营销,就能深入挖掘新的市场价值,实现自身营销环节的优化演进,帮助企业达到收入倍增的目的。"

——NLP卓越商业导师 苏学锋

导师语录

★ 要学会从信赖、观念、故事、利益、丢失、利他六个方面,设计一个让顾客难以想象、难以抵抗的推广计划。

★ 一流的广告并非在于精致,而在于能够走进人心。心动则行动,行动则成交。

★ 潜在客户必须要学会跟踪,80%的销售是在第4至11次跟踪后完成!

★ 想让更多的潜在客户知道你产品的存在,并且被你的产品所吸引,那么投放广告就一定要精准。

★ 要敢于对客户做出无风险的承诺,解除客户的担忧,成交率会提升15%～20%。

★ 慈善和公益是每个企业家最大的责任感和使命感,没有什么能够比这更具说服力,大企业都在做与公益相关的事情。

★ 消费者沉迷于哪个品牌,最大的原因在于自身情感的触动和归属,而非对产品的外观和性能的判断。

★ 广告一定要挖掘出消费者的兴趣点,才能引人注目、深入人心。

★ 互联网广告最大的特点就是不受时间、空间的限制,而大数据会让我们更容易接近自己的潜在客户。

★ 不费吹灰之力实现业绩倍增的方法,就是将手中资源发挥到极致。

第七章

优化人才：
得一将才者得天下

在如今这个竞争激烈的时代中，人才可以说是企业发展最重要的一环，想把企业做大，就必须重视人才。如果修长城，人才就是基石；如果建大厦，人才就是栋梁；如果搞企业，人才就是成功的保证。无论干什么事业，拥有足够多的人才，才是成功的保障。

——NLP卓越商业导师 苏学锋

第七章
优化人才：得一将才者得天下

1
打造标杆，给员工树立榜样

❋ 问题困惑

为什么你的员工团队没有动力？是不是因为在你的团队之中，没有一个引领大家奋斗的灵魂人物？每个团队中，都应该有一个人人艳羡的标杆，一个能力超群的领头羊！这个时候，你知道自己该怎么做了吗？

♟ NLP总裁智慧系统解码

有一句话说得好：标杆的影响力是无穷的，我们每个人在成长过程中，都会遇见各式各样优秀的标杆人物，然后在他们身上吸收营养和力量。在员工管理中，树立一个好标杆，能够让员工有榜样可学，引导他们积极向上，奋发工作，创造更多的结果；与此同时，也能够让标杆更加充分地发挥和施展自己的才智。因此，想要提高员工的整体能力和工作效率，树立标杆不失为一种行之有效的好方法。

标杆的力量是强大的。对标杆进行奖励，能够鼓励员工做出和标杆同样的正确行为；对标杆进行惩罚，则能够警示员工不要做出和标杆同样的错误行为。企业老板应在团队里选择成绩突出、品德高尚、作风正派的员工作为标杆，这可以让其他员工"学有榜样，比有标杆"，进步得更加迅速。

对于标杆衡量的标准，阿里巴巴创始人马云说过一句很经典的话："为过程喝彩，为成果奖励。"因此，企业老板还需要注意：要奖励工作成果，而不是奖励工作努力。如果奖励的要点不对，只能起到适得其反的作用。

经典故事

某互联网企业里，有个员工小王经常在所有员工下班后，还在编写和检查代码，很多次被老板看见。半年后，刚好小王所在的项目组的主管离职，企业老板便提拔他做了新的项目组长并且加了薪。

之后，他还经常在其他员工的面前夸奖他："小王是公司最勤奋的人，在开发软件上面也有自己的想法，我决定大力支持他的这个想法，如果能够成功，我将在年终给他发十万元的现金红包奖励"。

听到老板这么说，小王自那之后变得更加努力了。就当所有的同事都觉得小王根本不可能做到，老板只是耍耍嘴皮子逗他开心的时候，小王已经成功做出了这款软件，并且在上市之后，不出一个月就掳获了全国百万用户，实属难得！

企业老板按照自己当初的承诺，给小王发了十万元的现金红包奖励。同事们觉得不可思议的同时，也都很羡慕。这个时候，企业老板再次发话："这样的奖励，不仅仅限于小王一个人，你们任何一个人只要能够做到像小王一样努力、一样优秀，拿出真正的结果给我看，

第七章 优化人才：得一将才者得天下

我一样可以把这十万元的现金红包发到你们的手里！"

从那之后，员工们都变得十分努力，并且把小王当成自己的榜样和目标。在不断向他学习和讨教的同时，能力水平也都在飞速地提升。很快一些具有能力的人也做出了成绩，老板也兑现了当初的承诺，关键是企业得到了飞速发展。

导师箴言

"在树立标杆时，老板需要注意以下事项。首先要从员工中选拔标杆，这样更易于让员工对标杆的行为有所了解并给予认同。其次，依据员工的长处设立标杆，如客户满意度最高、销售业绩最多等，这些闪光点都可以成为选择标杆的标准。标杆行为不能设置过高，若标杆的行为需要员工通过较长时间或需要很大努力才能做到，会让他们失去信心。"

——NLP卓越商业导师　苏学锋

2
想提高业绩，就别把销售员"喂太饱"

❀ 问题困惑

有时候业务员不出业绩，不是他们自身没有能力。而是你把他们"养懒"了。没有任何一个业务员是凭着底薪谈发展的，真正对他们好就让他们奋斗起来！你知道自己该怎么做了吗？

♟ NLP总裁智慧系统解码

你的业务员为什么不出业绩？有的老板总觉得问题可能出在提成或奖金的额度上，于是拼命给业务员提高提成，必要时，也会下狠心拿出高于同行的奖金来鼓励。但是，就是看不到业务员的业绩。

那么，业绩去哪儿了？仔细想想，你就会发现：很多业绩有可能被扼杀在"懒惰"的摇篮里了。而"懒惰"的原因又是怎么造成的呢？最有可能的是：你给的底薪太高，让业务员变得"衣食无忧"了！在如今的社会，拿着底薪混日子的业务员，真的

第七章
优化人才：得一将才者得天下

大有人在！只有你的底薪，没办法让他（她）持续待在"安乐窝"，他（她）才会拼了命地努力，为自己拼"钱途"，为公司创业绩！

公司的老板们，一定要记住：对公司的员工最好的关怀，就是强迫他们去成长，有一天他们会感谢你的培育，一味的"呵护"和"宠爱"，不仅浪费了员工的成长空间，更严重的是会把公司"耗死"！

♟ 经典故事

四十出头的程奇，是一家小型保健品公司的老板，凭借多年累积的客户资源，他在短短的一年之内，就挣了上百万。本以为五年内，业绩能够持续倍增，超越千万。可是近两年来，公司的业绩不但没有增长，反而在不断地缩减。

平日里，为了寻找更多的客户资源，他不断地出去应酬，对公司一线业务员的工作情况，几乎都来自于他们每周的工作总结。为了解决这个问题，提升业务员的激情和动力，他回公司开了几次业务员的动员大会，但是一个月之后，发现根本毫无成效！

从来不在公司坐镇的他，开始回到公司上班。通过一个多礼拜的观察，他发现自己手下的业务员每天的工作都不积极、精神状态也不好，行为十分懒散，就连给老客户打回访电话，似乎都是对工作的应付。他开始不断找公司业务员谈话，问业绩不好的原因，他们总是有一堆理由。直到一天，一个行政员工无意间的一句话，点醒了他！

"他们干销售的，底薪四千元，和我工资就差五百元，每天啥也不干，一个月也够吃够喝的！"行政员工说着，抿了一口茶水。那天之后，程奇对公司业务员的底薪立马进行了调整，将原来的四千元降

到三千元！如果一个月不开单，就再降二百元！开单就回涨，再加提成。以此类推。

当然，这种做法也逼走了一些混日子的员工，留下来的，没过三个月，都有了不错的业绩。而且程奇再到公司检查他们工作时，发现他们的状态激情饱满。

导师箴言

"有句话说得好：没有压力，就没有动力！这股强大的外驱力不见了，人性中的懒惰就显现出来了。想要业务员自动自发地带着热情去开发客户、服务客户、为公司不断创造业绩，就必须让他们有"痛点"！打个比喻来说：如果脚的后方是悬崖，你说他（她）是往前跑，还是往后退呢？"

——NLP卓越商业导师 苏学锋

3

好人才别错过，大胆引进来

问题困惑

身为老板，你是否想过以下问题：从同行那里引进人才是不是很不道德？在这样的思考中，你公司的优秀人才渐渐都被挖走了，最后你才发现：人往高处走，水往低处流。这只不过是人性使然。

NLP总裁智慧系统解码

如今社会竞争这么激烈，好多企业都开出高薪以及各种福利来吸引人才，可即便是这样，还是找不到所需要的人才，有的老板就开始抱怨："现在的人才怎么这么少了？找来找去根本就没有合适的！"其实，并非没有合适的人才，只是你所需要的顶级人才都在竞争对手那里工作呢。还等什么！好人才还不引进过来为自己所用。

现今，无论是BAT一类的大企业，还是分布在全国各地的中小型企业，都需要人才的支持，有了人才，企业才能够实现自身的长远发展。人才可以说是企业的一种战略性资源，与其他资源不同的是，人才的得失往往决定着企业的成败。

尤其是处在这个竞争激烈的商业社会，企业最本质的竞争就是人才的竞争。作为一家企业的老板，如果你在人才资源上胜过竞争对手，那么你便会成为竞争中有利的一方。但也要注意，如果你不善于用好手中的人才，甚至因此而被竞争对手挖走人才，那么它对你事业的打击将是致命的。

在如今的中国，有太多行业里形成了一种约定俗成的规则，就是不能相互挖人，否则一旦被发现，就会被报复！可事实证明，这约定俗成的规则正在被一点点瓦解。还在墨守成规，讲究"江湖道义"的老板们，别固守这种观念了。只要你不是恶意挖角或非法挖角，没什么大不了的。如果你有更好的环境和成长空间给予人才，其实是互惠互利的好事，何乐而不为呢？

经典故事

斯科公司曾经通过多种途径想要雇用戈拉曼飞机公司的工程师瑞克斯，但都没有成功。总裁佩恩有些坐不住了，瑞克斯对他来说是一位非常难得的人才，他曾两次获得戈拉曼飞机公司最佳雇员，还是该公司几个重大项目的负责人。于是，佩恩打算亲自拜访瑞克斯，请求他加入斯科公司。

佩恩是个聪明人，虽然他非常渴望得到瑞克斯，但是他知道如果直接地和瑞克斯交谈目的，那么很有可能被直接拒绝。于是他拿出一副并不焦急的模样，开始顾左右而言他地与瑞克斯"兜起了圈子"。

第七章
优化人才：得一将才者得天下

"瑞克斯，告诉你一个好消息，最近有一家出版公司出版了一本关于我们公司的故事的书。我想你对这些一定很感兴趣。有时间我可以送你一本，你有时间读吗？"

"哦，好啊，我很乐意看看！"瑞克斯回答道。

"好的，那这本书我回去之后就邮寄给你，希望你能够认真看完。"说完，佩恩笑了笑，起身和他告别。

一个月之后，瑞克斯主动打来电话："佩恩，那本书我已经看完了，我想问一下，书中的那些故事都是真的吗？"

"当然了，我没有必要骗你的。"

"但是，我真的不敢相信那些是真的，如果是那样，斯科对任何员工来说都是最理想的去处。"

"那么你希望去我们那里看一看吗？"

终于，瑞克斯按捺不住了，他如约来到了斯科公司，佩恩很荣幸地"请"来了这位工程师。经过一段时间的交谈，瑞克斯决定留在斯科，并被安排了一部门主管的职务。而戈拉曼飞机公司由于瑞克斯的离去，且一时找不到合适的人选，遭受了巨大的损失。

导师箴言

"老板一定要注重人才的使用与流动，因为人才是企业最为宝贵的资产，尤其是同行中优秀的人才，更是企业最难得的财富。他们不但有你所需要的一流的业务技能，而且你还可以从中了解到行业的一些情况。因此，智慧的老板都善于从同行那里引进人才。"

——NLP卓越商业导师 苏学锋

4
目标导向，以员工能力为标准

问题困惑

有句话说得好：公司不养闲人，团队不养懒人，如果你的公司里"闲人"和"懒人"太多，那么，你的公司还如何发展？对于这样的情况，老板别再拖拖拉拉，于心不忍，一定要立刻行动起来。

NLP总裁智慧系统解码

很多时候，员工来到一家公司的时候，可能无法找准自己的方向感，这时老板就要结合其自身优势及企业发展需要，帮助其确立方向，并不断地引导，在方案确定及与员工的沟通中应注意到，让员工自己来选择这样的结果。让其感觉到，这个方向是他自己确定的，而不是公司帮他规划的。

只有在个人意愿非常坚定的情况下，老板对员工的成长规划引导才具有实质性的帮助。此外，老板必须要考虑的一点是：每

第七章
优化人才：得一将才者得天下

个员工的岗位和能力都不相同，你要根据这些来为他们设立目标。切勿形成强加于人的状况。

因为对能力差的员工而言，树立太高的目标只会让他觉得太过遥远，从而打击他的积极性，而对于能力强的员工而言，较低的目标也会让他觉得毫无挑战，从而丧失奋斗的动力。这样，双方不但不能达成想要的结果，而且还会非常痛苦。

经典故事

李明祥是一家公关公司的老板，年纪轻轻的他有着十足的冲劲儿，而他手下的员工大多是刚毕业的95后，一个个聪明活泼，像他一样充满了梦想和动力！当时，由于公司人员少，职位分配还尚不明朗，于是几乎都是一人兼多职的状态，李明祥感动员工这样辛苦的付出，但员工却说："这样有利于我们综合性成长！"

但是，随着公司渐渐地发展壮大，每个人的工作都得到了细分，再也不用一个人兼多职，明明是好事，可是没过多久，李明祥发现手下员工的冲劲儿没有了，对待工作的态度也变得懈怠起来，经过和几位元老级员工的多次沟通，他才了解：原来每个员工都不知道在自己现有的岗位上如何努力，才能实现当初他所设下的年终目标，有的员工甚至认为，自己的岗位和年终公司的业绩没有直接的关联。这个时候，他才意识到自己对员工的目标导向出了问题。

几天之后，李明祥召开了一次员工大会，在大会上，他鼓励所有员工畅所欲言，说出自己内心真实的想法，并且依照自己的现状和能力，对自己的未来职业规划做一个短期和长期的目标，为了激励他们，李明祥还公布了自己预先准备好的"目标奖励法"，意思是只要员工能达到自己设定的，具有一定挑战性的阶段性目标和长期目标，

到了年底都会有相应的奖励!

这个方法公布之后,每个员工的积极性又被成功的调动起来。大家一起奋战到年底,多数员工不仅达到了自己设定的目标,还远超了自己设定的目标,而这些目标的达成,推动企业又前进了一大步!当然,李明祥也按当初的约定,给予这些达成目标的员工丰厚的奖励!

导师箴言

"想要公司不断壮大发展,老板就必须坚持目标导向,让每一位员工进一步明确自己要干什么、怎么干、达到什么效果,根据他们不同的职能及水平,为他们设定短期及长期的奋斗目标。从而使动机强度维持在较高的水平上,使他们始终保持一种积极的工作状态。"

——NLP卓越商业导师 苏学锋

5

奖励要及时，不要让员工等到心凉

问题困惑

在这世上，没有任何一个人不喜欢被别人赞美，员工更是如此。有些企业老板也懂得赞美与奖励对员工的意义，也知道在适当的时候赞美一番，可是有的老板在赞美与奖励员工方面喜欢拖拖拉拉，结果员工等啊等，等啊等，等到心都凉了，老板才忽然开了口，结果导致赞美与奖励的效果大打折扣。

NLP总裁智慧系统解码

在职场中，对于一位员工而言，赞美与奖励不仅仅是对他自身能力、才干及其他积极因素的肯定，更是促进他继续奋斗的动力。通过老板的赞美与奖励，员工能够充分地去了解自己所做工作的结果。

若是好的结果，则可以让他得到鼓励和信心，使他继续保持，继续努力；若是坏的结果，也能够使他看到自身的不足，以促进下一次行动时的专注、改进，以求得好的结果。然而，这有一个十分重要的前提就是：反馈必须及时！

而作为一名企业的老板，如果你能了解谁最敬业、谁最辛苦、谁取得了成绩等，并及时地予以公开表扬，这样不仅能鼓励受表扬者，同时也能激发部门其他员工的工作热情。你也可以从中体会到赞美一位员工的巨大作用和重要意义！

经典故事

美国惠普公司的市场经理善于对员工优异表现进行即时赞美，即时奖励。一次，为了即时奖励一位推销员，一时找不到合适的物品，竟把几磅袋装果子送给这位推销员。另外一家公司的一位经理提倡"一分钟奖励术"，即："员工做对了，上司马上会进行奖励，而且很精确地指出做对了什么，这使人们感到经理为你取得成绩而高兴，与你站在一条战线上分享成功的喜悦，然后鼓励你继续努力。"

员工们对这位经理的做法颇为推崇，亲切的称他为"一分钟经理"。这位经理说，帮助别人产生好的情绪是做好工作的关键。正是在这种动机的指导下，他实行了"一分钟奖励术"。这样做有三重意思：第一就是表扬要及时；第二是表扬要具体、准确无误；第三是与员工同享成功的喜悦。

通过运用这样的奖励方法，很多员工都能在工作中感受到上级领导的重视。这种精神奖励和物质奖励的结合，能够在最及时的时刻传达到员工的心中和手中，大大增加了奖励的能量。由此可见，及时奖励对振奋人心起着不可忽视的作用！在做年会总结的时候，惠普公司的CEO总结道："每一位老板都要记住，切忌把奖励的事拖久拖远，否则奖励的效果会大打折扣，老板对员工的赞美应该永远及时！"

第七章 优化人才：得一将才者得天下

导师箴言

"作为一名智慧的企业老板，一定要有意识地对员工的工作进行积极评价，千万不要等到工作结束、成果已出或年终审核的时候才对员工进行赞扬。如果你在工作的进行当中对于员工的努力予以及时的肯定，对于员工的工作来讲实际上是一种额外添加的推动力，在积极情绪的引导下，员工的工作成果可能会出现质的飞跃，反而让你收获一个更大的惊喜。"

——NLP卓越商业导师 苏学锋

6

永远要留"备胎",避免业务受损

❋ 问题困惑

在企业发展过程中,如果现有管理人员和核心人才因故离职,怎么办?企业能不能马上有后备人才或接班人补上,又如何处理?这是企业经营决策层和人力资源部门必须深入思考的问题。

♟ NLP总裁智慧系统解码

有没有老板遇到过以下问题:在某一个单一的岗位上,只有一位能够处理此项工作的员工,某一天这位员工突然辞职了,这个岗位却无人能够顶替,结果影响了公司的正常运营。这件小事,就是提醒各位老板:人才也得有备胎!

NLP总裁智慧系统中,曾提到:一家企业,想要获得稳定且持续的长久发展,就一定要在培养人才上下功夫!进行人才梯队建设,可以让公司始终处于正常的运营之中。所谓人才梯队建

第七章
优化人才：得一将才者得天下

设，就是当现有的人才正在发挥作用时，未雨绸缪地培养该批人才的接班人，也就是做好人才储备，当这批人才变动后能及时补充上去和顶替上去，而这批接班人的接班人也在进行培养和锻炼，这样就形成了不同层次和水平的人才，就像梯子一样有高有低，所以把这种人才架构形象地称为人才梯队。

作为一家企业的老板，必须考虑培养替补人才的重要意义。只有人才库里不断有适合的人才，企业才能不会因为临时找不到人而遭受损失。因此，在日常公司运营过程中，你必须明确企业现阶段及未来所需的人才种类，合理地从社会和企业内部予以引进、培养和储备人才，并定期对企业已聘人员进行评估和管理，调整、安排好人才的职务，提拔有实力的员工，确保他们是工作在最适合自己的职位上，从而发挥其最大潜力。

经典故事

在黑龙江，有一家大型连锁美容集团，一年的销售额能达到两亿，整个集团下一共有35家门店，共有35名店长和60名代班。去年，董事长在年会上对新一年的公司发展做了详细的规划，确定的目标是发展到60家分店，但是目前人才资源短缺，很多新人还没有上手，加上前不久集团的得力干将接连跳槽，人才资源已进入到十分吃紧的状况。

集团的董事长意识到人才危机之后，结合下一年的目标发展规划，预备开设人才预备库。储备干部的培养，要立刻开展！于是，在开了股东大会之后，这个公司做的第一件事情就是对35名店长重新述职测评，正式任命30名，罢免5位不合格店长。接下来又对60名代班重新述职测评，正式更名为店长助理，工资提升300元，罢免10名不合格者，剩余50名。

经严格筛选之后，店长和代班人数都有所减少，于是各店长推荐公司选拔，从店员中提拔35名店员，任命为店长助理，并分配到这35家店里，算上之前通过审核的，一共有85名店长助理。

为了让集团里永远有替补人才，董事长又派人力资源部到卫校、职院等学校招聘，同时通过员工推荐、网络招聘、人才市场招聘等方式吸纳人才，招聘而来的学生、新人加以培训，充实到店员队伍中来。除了基层建设的人员不能少，领导核心层也急需人才替补，于是董事长又从总部、片区经理、店长中锁定未来三年总经理培养对象三人。他们分别来自营运部、财务部、采购部。

当人才培养达到一定的力度，员工的能力和素质都得到了大幅度的提高，与此同时，这家大型连锁美容集团的运转效率也在提速！仅半年的时间，就已经达到了计划目标的三分之二，预计年底的销售额将会超过之前的目标计划。

导师箴言

"只有确保人才建设，才能够保证企业的正常运转。人才各司其职，就像组合机器中的零件一样，缺了哪一块都不完整。尤其是那些处在核心位置，替代性不强的员工，他们的去与留对公司会产生致命的影响！这就要求老板平时一定要加以留心，多培养一些'人才备胎'，才不会措手不及、导致业务受损。"

——NLP卓越商业导师 苏学锋

第七章
优化人才：得一将才者得天下

7
对"刺头员工"，必要时要下狠手

❋ 问题困惑

老板必须承认，有一些极为出色的员工，在公司里慢慢会变得恃宠而骄。更甚者，还会以自己的优秀来换取"特权"，让自己区别于其他员工，但是如果把控不好，老板自己也会"碰钉子"，那么该如何处理这样的员工呢？

♟ NLP总裁智慧系统解码

哪家公司都有表现极为出色的员工，老板对这样的员工也总是赞赏有加，久而久之，他就会产生一种优越感，这种优越感如果不加以控制，任由它不断地膨胀，那么他就会渐渐迷失了自己，成为公司里一个极难处理的"刺头"！这个时候对于老板的管理而言，就变得十分棘手。

这世上，关于人的工作是最难做的，一个老板的最大成就是：构建并统帅一支具有强大战斗力，并且高度协作的团队，你要运用自己的智慧，把一些很难管理，又十分关键的员工团结在一起，充分发挥他们的作用，不断为公司创造更大绩效。

现在这个时代，已经和从前大不相同，"刺头"员工变得越来越多，他们藐视公司的各项纪律，不服从管理、我行我素，有的还以敢与老板对抗而自鸣得意。他们觉得自己是公司的支柱，离开了他们，公司就没办法发展。对这样嚣张的"刺头"，老板不能一再纵容，一定要敢下狠手，必要时当机立断、严惩不贷。否则，对公司的发展没有任何的好处。

现代人的反抗心理非常强，不服从权威的情绪高涨，管理方式不当，很难让其产生恐惧心理。这一点在表现出色的年轻员工身上特别容易看出，用法不当，有时反而会被他们威迫，以致局面无法收拾。威迫的手段虽然很少用，但是到了迫不得已的时候，老板必须彻底消除对方的抵抗心理与行为，否则会给公司带来极坏的影响。

经典故事

孙浩宇是由恒隆公司跳槽到东阳公司的。东阳公司是从事衣料买卖起家，所以食品部门比较弱，因此王信恒才会从恒隆公司挖来孙浩宇，因为孙浩宇对食品业的经营有比较丰富的经验和能力。有干劲的孙浩宇来到东阳公司之后，宛如给东阳公司注入了一剂催化剂。

事实上，孙浩宇最初的表现也十分不错，对公司的贡献很大，他用了十年间将自己的业绩提高数十倍，使得东阳公司的食品部门呈现出一片蓬勃的景象。

从一开始，王信恒和孙浩宇在工作态度和对经营销售方面的观念即呈现出极大的不同，随着岁月增加，裂痕愈来愈深。孙浩宇非常重

第七章 优化人才：得一将才者得天下

视对外开拓，不惜交际费，对下属也放任自流，这和王信恒的管理方式迥然不同。

一直以来，王信恒走的都是传统保守路线，一切以顾客为先，不太与批发商、零售商们交际、应酬，对下属的要求十分严格，要他们彻底发挥他们的能力，以严密的组织作为经营的基础。正因如此，他当然无法接受孙浩宇的豪迈粗犷的做法，王信恒因此要求孙浩宇改善工作方法，按照东阳公司的经营方式去做。

但是已经飘飘然的孙浩宇根本不加以理会，依然按照自己的方法去做，而且业绩依然达到了规定水准以上，甚至于有飞跃性的成长。充满自信的孙浩宇，就更不肯修正自己的做法了。他居然还明目张胆地说："一切都这么好，给公司创造这么多的利润，这充分说明，我所走的这路线没有任何问题，为什么要改？"

为此，双方意见的分歧愈来愈严重，终于到了不可收拾的地步，王信恒看出孙浩宇不会与他合作长久，于是干脆痛下杀手把他解雇了。

导师箴言

"无论在哪家公司中，都会存在各种类型的'刺头'员工，老板在处理'刺头'员工时，一定要加以区分。在组织中，从某种意义上来说，刺头员工的存在也有一定的好处，正是因为他们，才让公司不是死水一潭，使公司更具有创新性和活力，但是一旦过度，绝对是危害大于益处，这点，老板一定要根据实际情况做好处理！"

——NLP卓越商业导师 苏学锋

8

学会信任员工：用人不疑，疑人不用

❋ 问题困惑

在职场中，老板的权力欲越强，手下的员工就越不敢放开胆子去做，即便有时候任务下达了，员工的积极性也会被老板的指手画脚、管东管西而打压，最后最累的还是老板，你是不是也是这样的老板呢？

♞ NLP总裁智慧系统解码

老板在使用人才的时候，一定要学会用而不疑，充分信任员工，要相信他们对事业的忠诚，放手让他们工作，使其敢于负责，大胆工作。要做到这点，老板首先要对员工了解，清楚员工的历史和各种现实表现。既知思想觉悟水平，又知实际工作能力，这是信任的前提条件。

其次，老板给员工任命什么职务，就应授予相应的权力，使部属的职责和权力统一起来，有职又有权。凡是员工职权内的

第七章 优化人才：得一将才者得天下

事，不要随便干涉。有的老板名义上授权，实际上包办代替，越权指挥，对员工表现出不信任，这些都会挫伤他们的自尊心和积极性，久而久之，员工就变得懈怠，不愿意积极工作了。

如果老板每天都带着"防人之心"，管理企业、领导员工，无论是对防人之人还是对被防之人，都是一种无法承受的痛苦和成本。因此身为企业老板，一定要充分信任自己的员工，用人不疑，疑人不用，"信任"才能暖人心窝，让员工更加心甘情愿为企业而奋斗，奉献自己的力量。

经典故事

小李有位朋友叫张军，是一家广告公司的老板。他每一次谈及近况时，总会抓抓头顶日渐稀疏的头发，用给人感觉永远没睡够的眼睛瞪着小李说："最近忙死了，一边是新品上市的企划、产品定位、广告创意、软文写作、上市活动设计、物料制作等一大堆的事儿；另一边是巡视市场、拟定促销方案、媒体购买和执行促销活动……唉，总之，就一个字——忙。"

"嗨，兄弟，你公司不是有三十多个员工吗？"有时，小李会这样问他。

"他们？他们有他们的事做，况且有些事他们也做不了……"但事实并非如此。当张军坐在电脑前一连工作几个小时的时候，他的下属们已经在浏览了好几份报纸，接着又在互联网上看完一场两个多小时的NBA直播。

后来，小李因为总去张军公司，便和公司几位员工熟了，才知道大部分员工都在埋怨张军不信任自己，给了权力，却总是指手画脚，做什么都看不惯、不满意，索性他们就放弃不做了，反正月底工资还是照样开。不过，也有一些有志之士，觉得没有发展空间辞职走了。

导师箴言

"如果老板一直对员工处处设防，半信半疑，便会损害公司事业的发展，这是用人不疑；当然，老板用人必须是建立在知人、识人的基础上，不了解的人，就不能轻易任用，这就是疑人不用。做到这两点，才能让公司人才高速运转起来。"

——NLP卓越商业导师 苏学锋

9

调动优秀资源，让客户变成业务员

❋ 问题困惑

企业在某些节日里，做一些特殊活动的时候，希望造成火爆传播效果的时候，总是发现，为什么我的商品都这么便宜了，还是没人愿意购买呢？还是没人愿意帮我传播呢？这其中的原因到底是什么呢？

♟ NLP总裁智慧系统解码

作为企业老板，做营销的时候，你最关心的是如何挖掘更多潜在客户。为了挖掘潜在客户，我们在各种渠道投放广告、微信发软文、招更多的业务员等。但其实，研究表明，商家60%的销售来自老客户转介绍。从这点可以看出：如何调动客户自身的资源，对大力推广产品具有重要的意义。

NLP总裁智慧系统认为：人性中最本质的特点用四个字可以来形容，那就是"趋利避害"，只要恰到好处地运用这个特质，就能够帮助我们达成想要的结果。企业都知道只有产品被大量地推广和传播，才能够不断提高成交率，赚取更多的利润。当我们的资源、能量、品牌、营销还不够形成传播效应的时候，利用客户的资源，能够更快地加速客户裂变。

当然，想要调动客户的资源是需要付出一些"代价"的，这个"代价"就是人类大脑三套软件中的利益跟好处。当你满足了客户的这些需求，他自然就会被你所调动，在自己购买产品的同时，还会变成一个积极的传播者。只要你有能力调动客户，让他来帮助你进行大量传播，那么就会形成病毒式扩散，这也就是我们常说的裂变营销。

经典故事

布丹尼是一个能力出众的心理辅导师，她曾帮助过大约1万人解决心理的困惑和难题，在和他们交流的过程中，她积累了诸多不同行业的知识和文化，她本人之前亲自尝试过20多种行业，这些经验可以令她精通各个行业的成功方法，也明确各个行业会遇到的难题，以及行业老板自身的特性。

现在的她心理辅导费用已经从300美金/小时变成了3000美金/小时，能够提升得这么快是因为她使用了一个营销策略：当有患者要接受心理辅导的时候，她会咨询对方要不要和她签约长期的服务合同，签约期限为三年整。

这个期间，可以任何时间来为对方进行心理辅导，除此之外，这期间如果对方能够给她介绍新的客户，她就发给对方20%的利润，这样一来，对方不仅能够获得心理辅导，而且还能免费赚三年的钱。

就是使用了这个方法，她所签约的客户全部变成了她的业务

第七章
优化人才：得一将才者得天下

员，这让她在短短不到三年的时间里，所挣得钱翻了整整10倍之多，而且从此再也不缺客户。在媒体面前，这位优秀的心理辅导师说："优秀的客户一定能够带来优秀的资源，在这个整合资源的时代里，只需要动一点脑筋！"

导师箴言

"有的时候，利用客户资源，可能看起来折扣太多会赔钱，实际上这往后的利润大到不可想象，因为客户不断地带动新客户，新客户也会不断地充值消费，就形成了客户转介绍客户，不断地产生现金流，所以老板一定要记住：客户才是我们最好的业务员，让客户转介绍客户，这比你开发新客户要快得多。"

——NLP卓越商业导师　苏学锋

10
化繁为简，用人贵在精而不滥

❋ 问题困惑

古有成语：一夫当关，万夫莫开；一而当十，十而当百，百而当千；兵不在多而在精；千军易得，一将难求。说的都是同一件事，那就是人才可贵。电影《天下无贼》有句台词："21世纪什么最贵？人才！"一个企业最大的资产是什么？不是厂房，不是产品，而是人才。人才贵在精而不在多。

♟ NLP总裁智慧系统解码

在中国，有很多的企业陷入了员工繁冗的窘状。直白地说，就是在用人方面滥而不精，主要表现在：第一、用人多，人浮于事，不能充分发挥每个人的作用，太浪费资源；第二、人员素质不高，有滥竽充数的，有力难胜任又需特殊照顾的，有看人行事的。

这些人的存在，势必会影响企业团结和规章制度的推行。总

第七章
优化人才：得一将才者得天下

之，用人过滥，给企业带来了很多问题，是企业一大弊端。古今中外，这样的事例举不胜举，他们的用人之举，实为现代管理者所必须借鉴，中国有句古话说："龙多不治水，将多不打仗。"

本来只需一个人干的活，老板却要安排两三个人，结果是机构臃肿，人浮于事。一个人干，一个人看，还有一个人在捣乱，三个人倒不如一个人干得多、干得好。所以，"一个和尚会挑水吃，两个和尚会抬水吃，三个和尚就没水吃了。"说的就是这个道理。

互联网三巨头之一的阿里巴巴，在用人方面就遵循"删繁就简"的原则，每一年招聘的人数不仅有限制，而且还处于每年递减的状态，到了2015年，身为董事长的马云放话，现有的三万多人已足够，手下员工走一个、招一个，虽然让很多想追随阿里巴巴的人心伤，但对阿里巴巴而言，未必不是好事。因此，作为一家企业的老板，一定要避免企业内部用人过滥，要懂得采取措施，该精减的精减，做到量才适用，精而不滥，如此一来，才有利于公司未来的发展建设。

经典故事

在国外，德国著名的大众汽车公司，在几十年的经营活动中都较为顺利。但当世界出现石油危机时，这家大企业就遇到了前所未有的困难，在1974年发生了高额亏损，1975年亏损的势头加剧，使这家名闻全球的大企业面临着崩溃的边缘。

在这关键时刻，斯米克尔应聘接管该公司总经理职位。他上任后对本公司作了全面地了解，发现客观原因是导致公司经营困难的一个方面，但企业内部机构和人员过多所造成的各种阻力，是更主要的一个方面。

据此，他果断地采取了一项措施，就是精简公司的机构和各级领导班子人员，清除了那些不干实事，提不出建议的领导和管理人员，对那些争权夺利，给企业生产造成内耗或不利于提高生产效率的人员，均予解聘。

经过这么一改革，大众公司的员工立刻从11.2万人减少到9.3万人。由于减少了中间环节，政令畅通，工作效率大大提高了，与此同时，公司的费用支出也大大减少了，到1976年，公司终于扭亏为盈，实现利润10亿马克。从此以后，大众公司恢复了元气，走上了稳定发展的道路。

导师箴言

"要防止企业发生用人过滥的问题，最重要的是坚持用人制度，严格按照有关规章办事，一方面教育管理者在用人问题上要树立廉洁作风，一方面要加强对用人的不正之风的检查处理。这样，就可以使企业在用人问题上沿着一条正确的、健康的道路走下去，防止用人过滥而搞乱了企业。"

——NLP卓越商业导师　苏学锋

第七章
优化人才：得一将才者得天下

11
离职感恩，杜绝坏话传染源

✺ 问题困惑

身为老板，对于离职员工，你是什么样的态度呢？你想象过离职员工还能对自己的公司有什么帮助吗？你该如何处理和离职员工的关系，才能保证他（她）还在为你源源不断创造价值，而不是四处破坏你的名声？

♟ NLP总裁智慧系统解码

提到离职员工，多数老板的心都在淌血，因为他们可能想不明白，到底是因为什么让这些人选择离开公司？既然他们去意已决，你就不该再为这件事纠结或伤感，真正应该去做的是：好好处理好你和他（她）之间的关系。千万不要一碰到员工离职，就恼火不休。别冷脸对待要离职的员工，无论他（她）因为何种原因离职。

作为老板必须意识到：人才流动是市场经济条件下人才资源

配置的基本规律，也是实现人才社会价值的重要途径。作为资本主义国家，美国发展的态势始终保持着世界领先的位置，来自世界各地的优秀人才都愿意来到这片土地施展自己的才华。这其中最主要的原因是：美国多年以来形成的开放包容、多元自由的人才体系。这种开放性，不仅仅体现在对人才的引进上，也体现在人才的流动上。

能否宽容对待人才的合理流动，体现了一个企业的开放包容程度，而这种包容程度本身就是人才发展环境的一个重要指标。合理对待人才流动，善待那些离职员工，才是一直智慧老板应该做的事，否则最后亏得还是自己！很多时候，外界人才对公司的评价不好，很可能是那些离职员工在一些招聘网站、百度贴吧、论坛、社群等一些社交功能的软件上八卦所致。越是大企业，风评就会变得越差，影响也就越大！因此，好好处理和离职员工的关系，也是维护自己企业不可忽视的一环。

经典故事

阿里巴巴集团董事局主席马云，在对待离职员工方面，就做的十分不错。从一开始的18个创始人到目前的4万多员工，阿里巴巴的员工进进出出就不知道有多少了。那些离职员工散落在杭州、北京、深圳、上海等地，其中不乏创业公司CEO与大公司的高管。这些人直到现在还对阿里巴巴抱着感激之心，因为阿里巴巴是培育他们成为顶级网商的"黄埔军校"。

马云从不觉得员工离开阿里巴巴是一种损失！他曾公开表示：自己非常坦然地支持"才产"流通，不仅仅是集团旗下子公司内部的流通，也非常支持"才产"的外部流通，并从阿里巴巴带走一些引以为

第七章 优化人才：得一将才者得天下

傲的东西。马云对待那些离职员工，一直怀有一颗大爱之心，他曾为离职员工开过一个"阿里校友会"。在会上，他说："阿里的工号是保留的，每个工作过的员工都有自己的工号，哪怕只工作过1天。我一直相信，会有这么一天，外面的阿里人比公司里的多。阿里和阿里人谁都不欠谁的，大家是有缘分。"

马云把离职员工比作"敌前、敌后的5万外援"，"即使你今天加入腾讯、百度、京东，任何竞争对手，阿里对你不会有任何生气，只希望你把阿里'让天下没有难做的生意'的使命感带过去。我不相信你去了那边会破坏阿里的生态系统，我们要有这个气度。"

那些离开阿里巴巴的员工，马云还是会把他们当做自己的亲人，所以在一些特殊的节日里，公司常常会给他们发去短信与邮件，祝福他们幸福，并将他们称之为"同学"——在微博上搜索"阿里校友会"，就能跳出几百条相关的内容。这样暖心的老东家，只会让那些离开的人感恩和怀念，茶余饭后也就形成了良好的口碑效应。

导师箴言

一个企业对待人才的去留问题，能够体现这个企业的志向和气度，"求贤若渴"与"恭送出门"同样重要。对待人才的合理流动，既要热情地欢迎人才，也要热烈地欢送人才。让人才看到你的作为，让企业在人才圈有一个好的名声。

——NLP卓越商业导师 苏学锋

导师语录

★ 老板要根据人才的价值决定人才的待遇，限制了人才的收入，就等于限制了人才的能力。

★ 把复杂的东西简单化，简单的东西有效化，才能更好地为自己创造结果。

★ 没有降服，就没有领导！只有把员工变成自己的"粉丝"，他才会真正被你领导，否则企业很难做大。

★ 垃圾放对框架，就是宝！没有任何人在任何的时空角内都是人才，只有对的框架内，他才能显现出自身的价值。

★ 要控制一个人的行为，就要先控制他的思想；制度只能管理员工的意识层面，思想才能管理员工的潜意识层面。

★ 让员工对公司付出得越多，他对你的忠诚度就会越大，原因在于他离开的成本会随着自身的付出而变大。

★ 想做好员工管理？首要工作就是科学分工。只有每个员工都明确自己的岗位职责，才不会产生推诿的不良现象。

★ 给员工留一条退路，就是给自己留一条退路！不要把员工"逼"死，要学会把员工"激"活！

★ 每个员工都希望用自己的能力来证明自身价值。老板要做的就是：给他们更大的空间去施展自己的才华！这是对他们最大的尊重和支持。

★ 管理者只有把"责、权、利"的平台搭建好，员工才能真正实现"八仙过海，各显其能"。